Mosaik bei
GOLDMANN

Buch

Wer hat das nicht schon erlebt: Man lernt jemanden kennen, alles beginnt sehr viel versprechend, man trifft sich ein paar Mal, und dann ruft »er« nicht mehr an, »sie« wird immer abweisender, und die Romanze verläuft im Sande. Wem das öfter passiert, der wird sich betroffen die Frage stellen: Was mache ich falsch?

Mit der Partnerwahl allein ist es nicht getan: Wir alle durchlaufen die wegweisenden und bedeutenden vier Phasen des Dating, des Kennenlernens. In diesen Phasen entscheidet sich, ob mehr daraus wird, vielleicht sogar eine Partnerschaft. Wer die Muster deuten kann und die richtigen Schritte zu gehen weiß, muss weniger Frösche aus dem Teich locken und küssen, um den Partner für eine glückliche Beziehung zu finden. Eric Hegmann hat in hunderten Gesprächen herausgefunden, welche Erfahrungen gemacht wurden, welche Dating Regeln wann und mit welchem Erfolg eingesetzt wurden. Er vergleicht diese Regeln mit Kommunikationstypen und -formen der gängigsten Persönlichkeitsmodelle aus Therapie und Analyse und zeigt die besten und erfolgreichsten dieser Regeln auf. Wer das Glück zu zweit sucht, liegt hier richtig!

Autor

Eric Hegmann, Jahrgang 66, Führungskräftetrainer mit den Schwerpunkten Kommunikationsformen und -typen sowie Kreativitäts- und Innovationstechniken, hält Vorlesungen in Kommunikationskompetenz. Davor war er in leitenden Positionen für die meisten großen Verlagshäuser in Deutschland tätig. Er lebt und arbeitet außerdem als freier Autor in Hamburg. (www.eric-hegmann.de)

Von Eric Hegmann außerdem bei Goldmann:

Online-Dating (16624)

Eric Hegmann

Dating Regeln

So finden und fesseln Sie die große Liebe

Mosaik bei
GOLDMANN

Die Ratschläge in diesem Buch wurden vom Autor und vom Verlag sorgfältig erwogen und geprüft, dennoch kann eine Garantie nicht übernommen werden. Eine Haftung des Autors bzw. des Verlags und seiner Beauftragten für Personen-, Sach- und Vermögensschäden ist ausgeschlossen.

Umwelthinweis:
Alle bedruckten Materialien dieses Taschenbuches
sind chlorfrei und umweltschonend.

1. Auflage
Originalausgabe November 2004

Umschlaggestaltung: Design Team München
Umschlagfoto: Zefa/J. Westrich
Satz: Uhl + Massopust, Aalen
Druck: GGP Media GmbH, Pößneck
Verlagsnummer: 16678
WR · Herstellung: Ina Hochbach
Printed in Germany
ISBN 3-442-16678-0
www.goldmann-verlag.de

Inhalt

EINFÜHRUNG 9

Die wunderbare Welt des Dating 10
Gibt es eigentlich Dating Regeln? 11
Der Einfluss aus Übersee 13
Die bekanntesten Dating Regeln aus den USA 15
Sind Dating Regeln überhaupt sinnvoll? 17

Kommunikationsformen und -typen 19
Der Sender 19
Der Empfänger 23
Persönlichkeitsmodelle 25
Wie würden Sie sich selbst einschätzen? 27
Persönlichkeitstypen nach C.G. Jung 29
Persönlichkeitstypen beim Dating 33

Die Phasen beim Dating 40
Phase 1: Die Wahl 41
Phase 2: Die Verführung 42
Phase 3: Die Verhandlung 42
Phase 4: Die Entscheidung 43

DIE BESTEN DATING REGELN 47

Dating Regeln für Phase 1: Die Wahl 47
Wozu überhaupt? 53
Werben und flirten 55
Telefonnummer erhalten, vergeben 58
Der erste Anruf 62
Die besten Treffpunkte für das erste Date 69
Die häufigsten Fehler in der Wahlphase 72

Zwischenkapitel: Wie erkennt man die Typen? 73

Dating Regeln für Phase 2: Die Verführung 78
Das erste Date 80
Das zweite Date 87
Das dritte Date - das Real Date 91
Die häufigsten Fehler in der Verführungsphase 96

Zwischenkapitel: Welcher Typ fliegt auf wen? 97

Dating Regeln für Phase 3: Die Verhandlung 104
Nähe schaffen 109
Rückzug 120
Beziehungsgespräche 129
Die häufigsten Fehler in der Verhandlungsphase 134

Zwischenkapitel: Wie gehen die Typen miteinander um? 140

Dating Regeln für Phase 4: Die Entscheidung 142
Die Lover-Lösung oder Affäre 150
Wir bleiben gute Freunde 158

Die Beziehung 160
Break Up 165
Die häufigsten Fehler in der Entscheidungsphase 169

DIE ZEHN TODSÜNDEN BEIM DATEN 175

DIE DATING REGELN AUF EINEN BLICK 179

SCHLUSSBEMERKUNG 185

DANK 186

LITERATURVERZEICHNIS 187

REGISTER 188

Einführung

Jemanden kennen zu lernen, das Hochgefühl, sich jemandem nah zu fühlen, womöglich nicht genug voneinander zu bekommen: eine wunderbare Zeit, die jedoch heute viel zu oft zu schnell vorübergeht.

Was ist dann schief gelaufen? Dabei war der erste Eindruck doch noch so viel versprechend gewesen! Hat jemand einen Fehler begangen? Oder wurden eventuell nur ein paar Regeln nicht beachtet? Leider ist es beim Dating wie beim Gesetzbuch: Unwissenheit schützt nicht vor Strafe. Viele Menschen mögen es nicht glauben, aber so wie garantiert jeden Morgen die Sonne aufgeht, ist auch das Flirt-Spiel und das Dating-Verhalten von Menschen Gesetzmäßigkeiten unterworfen. Wir mögen es als Spielchen abtun, es hassen oder schlicht leugnen: Das Werben um den potenziellen Partner folgt einer Menge von Regeln. Diese unterscheiden sich in Details nach kulturellem, ethnischem, sozialem und sexuellem Background. Im Grundsatz sind sie jedoch gleich.

Nun hat in den romantischen Gedanken vieler Menschen die Vorstellung keinen Platz, dass es neben Liebe, Ehrlichkeit, Vertrauen und Intimität zu Beginn einer Beziehung auch andere essenzielle Aspekte geben könnte. Dass jedoch viele Paare trotz allerbester Voraussetzungen nicht zueinander finden, wissen wir oft aus eigener schmerzhafter Erfahrung. Würde es bei der Entwicklung einer Beziehungsebene nur um solche Basics gehen, dann bliebe unbeantwortet, wann, warum und wie sich die Beteiligten klar werden, ob es zu einer Bindung kommen kann.

In diesem Buch geht es nicht vorrangig um die Auswahl Ihres Partners. Die so genannte Wahlphase werden wir recht schnell durcharbeiten, um uns dann auf die Zeit zu konzentrieren, die nach der ersten Kontaktaufnahme folgt: Richtig spannend wird es ab dem Tag vor dem ersten Date. Nun kann alles passieren: vom »Klick« bis zum sterbenslangweiligen Fiasko, vom One-Night-Stand bis zur lange währenden Beziehung.

Die wunderbare Welt des Dating

Wenn Sie an die Liebe auf den ersten Blick glauben und Sie nur mit jemandem ausgehen wollen, bei dem Sie auf Anhieb eine starke sexuelle und emotionale Bindung verspüren, dann wird Ihnen die Vorstellung von Dating Regeln seltsam vorkommen. Doch es gibt sie, und sie helfen uns während des Kennenlernens, dieser Phase der offenen oder versteckten Kommunikationsprobleme. Für die Recherchen zu meinem Buch »Online Dating – So finden Sie Ihren Traumpartner« habe ich mehrere hundert Erfahrungsberichte von internetaffinen Frauen, Männern, Mädels und Jungs ausgewertet. Dabei ist mir aufgefallen, wie häufig darin auf Dating Regeln Bezug genommen wurde, die mal verletzt, mal peinlich genau eingehalten wurden. Aus meiner Arbeit als Kommunikationscoach für das Kölner Institut IAK und meiner Erfahrung als Dozent für Kommunikationskompetenz weiß ich von der Bedeutung allgemein gebräuchlicher

Regeln im zwischenmenschlichen Umgang. Mit Blick auf bekannte Persönlichkeitsmodelle und Kommunikationsformen habe ich daraufhin nach Dating Regeln geforscht und bin auf spannende Verhaltensweisen von paarungswilligen Menschen gestoßen. Einige davon kennen Sie alle: »Ruf nicht gleich am ersten Tag an, wenn du ihre/seine Nummer erhalten hast.« Oder: »Kein Sex vor der dritten Verabredung, wenn daraus mehr werden soll.« Ich wollte wissen, woher diese Regeln kommen und was sie eigentlich bedeuten. Außerdem versuchte ich herauszufinden, welche dieser Regeln sinnvoll und allgemein bekannt waren. Hierzu habe ich mehrere Aufrufe gestartet, um Erfahrungsberichte zu sammeln, habe Interviews geführt und die Ergebnisse mit bewährten Persönlichkeitstypologisierungen und Tools aus Training und Therapie verglichen. Als Journalist und Autor neige ich hierbei zum Eklektizismus. Ich bin kein Therapeut und favorisiere keine psychotherapeutische Richtung.

Ich möchte Ihnen in diesem Buch die üblichsten Stufen beim Dating aufzeigen, die von beiden Partnern bewältigt werden müssen und gewöhnlich auch alle bewältigt werden können. Sie werden feststellen, dass viele scheinbar aus heiterem Himmel auftretende Probleme normaler Bestandteil beim Werbeverhalten zweier Menschen sind und dass es zahlreiche Regeln gibt, wie Sie damit umgehen können.

Gibt es eigentlich Dating Regeln?

Wenn ich diese Frage Freundinnen und Freunden stellte, erlebte ich unterschiedlichste Reaktionen. Gabi V. aus Hamburg beispielsweise schüttelte verwundert den Kopf und fragte: »Ist das dieser Quatsch, wie oft man sich treffen muss, bevor man miteinander ins Bett geht? Daran glaube ich nicht. Ich entscheide das spontan aus der Situation heraus.« Frank W. aus Nürnberg meinte: »Natürlich gibt es Regeln. Wenn eine Frau mit mir beim ersten Date bereits Sex haben will, dann ist sie nicht an einer Beziehung interessiert, sondern nur an einer schnellen Affäre. Wer etwas Ernstes sucht, wartet mindestens bis zur dritten Verabredung.« Diese beiden hätten sich vermutlich nicht gefunden. Denn wenn Gabi aus der Laune eines ersten gemeinsamen schönen Abends heraus Frank bereits nach Hause eingeladen hätte, wäre bei Frank die Information angekommen, dass sie nur Spaß, nicht aber eine Beziehung anstreben würde. Vermutlich hätten die beiden dann nur eine Nacht miteinander verbracht und am nächsten Morgen noch nicht einmal die Telefonnummern ausgetauscht.

Bevor wir dazu kommen, welche Regeln es überhaupt gibt, möchte ich Sie an einige erinnern, die Sie vielleicht schon einmal gehört haben:

- Wer beim Telefonnummern-Tausch nur die Nummer des anderen annimmt, aber die eigene nicht herausgibt, wird sich niemals melden.
- Beim ersten Date zahlt jeder für sich. Der Mann darf höchstens den ersten Drink ausgeben, damit die Frau nicht unter Druck gesetzt wird (impliziert die Regel: Wenn der Mann das Essen zahlt, erwartet er Sex).
- Nach dem ersten Treffen wird mindestens ein ganzer Tag gewartet, bevor man sich wieder meldet, damit man nicht zu verzweifelt wirkt.
- Er begleitet sie nach dem Date nach Hause. Aber die Einladung in die Wohnung spricht sie frühestens bei der dritten Verabredung aus.

Kennen Sie diese Regeln? Seit einigen Jahren haben sich auch bei uns in Deutschland einige Verhaltensmuster bewährt und sind zu einer Art Regelkatalog geworden. Natürlich gab es die auch früher schon; Ihre Eltern folgten bei ihren ersten Verabredungen einem ähnlichen Kodex, wenn er seine Zukünftige gebügelt und gestriegelt bei den Eltern abholte und Papa versprach, die Tochter auch pünktlich (und unversehrt) zurückzubringen.

»Woher kommen diese Regeln?«, wollen Sie nun wissen. »Wer hat die aufgestellt? Wann setze ich welche ein? Und wirken die denn bei allen Menschen?« Merken Sie sich diese Fragen, denn ich möchte alle mit Ihnen durchgehen.

Der Einfluss aus Übersee

Dating Regeln gibt es in jedem Kulturkreis. Sie folgen soziologischen und psychologischen Mustern. Dadurch erklärt sich leicht, dass solche Regeln innerhalb von sozialen und ethnischen Gruppen unterschiedlich sein können. Christen und Moslems haben unterschiedliche Dating-Abläufe, Japaner und Amerikaner flirten nach unterschiedlichen Regeln und auch Hetero- und Homosexuelle folgen beim Kennenlernen teilweise recht unähnlichen Mustern. In den vergangenen Jahren wurden eine ganze Reihe der amerikanischen Dating Regeln nach Deutschland importiert und vor allem bei jüngeren Menschen verinnerlicht. »Hallo?«, werden Sie jetzt fragen. »Was haben denn bitte die Amerikaner mit Dating in Deutschland zu tun?« Eine ganze Menge sogar.

In den USA gibt es seit etwa zehn Jahren Bücher mit »Dating Rules«, die diese Regeln aber nicht erfunden haben, sondern tatsächlich nur gesellschaftliche Entwicklungen widerspiegeln. Warum? Da kann ich Ihnen keine wissenschaftliche Antwort präsentieren, wohl aber ein paar Antworten vorschlagen:

- Im ethnischen und kulturellen Wirrwarr der Einwanderungszeit entstanden schnell Regeln, die das Kennenlernen der verschiedensten Menschen erleichtern sollten. Diese wurden im Laufe der Jahre verfeinert und haben bis heute Bestand.
- Amerikaner umgeben sich in ihrem Leben einfach sehr gerne mit Regeln, die das Miteinander klären sollen. Da war es nur natürlich, dass sie auch welche fürs Daten erfanden.
- Die Dating Regeln wurden von Hollywood-Produzenten erfunden, damit sie in ihren Filmen und TV-Sendungen etwas hatten, worüber sie sich lustig machen konnten.

Welche Antwort Ihnen auch am besten gefällt: Keine ist richtig, keine ist aber wahrscheinlich auch völlig falsch. Lassen Sie uns einmal die Hollywood-Erklärung näher ansehen, denn die betrifft uns womöglich mehr, als wir uns eingestehen würden. Was ist das zentrale Thema von »Ally McBeal« gewesen? Single-Frau will Single-Mann treffen, lieben lernen und heiraten. Die Vorzeichen stehen schlecht, denn durch eine alte Affäre ist sie eigentlich noch gar nicht bereit für eine neue Partnerschaft. Selbstverständlich versucht sie es trotzdem – und der Dating-Zirkus beginnt.

Was ist das zentrale Thema von »Sex and the City«? Vier unterschiedliche Frauen daten sich durch New York City. Die Hauptdarstellerin stöhnt einmal auf: »Ich date eine ganze

Stadt!«, und fragt sich, ob es ein schlechtes Zeichen ist, dass ihr neuer Bekannter sie jetzt bereits zum vierten Mal an der Tür nur mit einem Kuss verabschiedet hat. Denn eigentlich hätte ja bereits beim dritten Mal Sex anstehen müssen.

Was ist das zentrale Thema von »Friends«? Sechs Freunde erleben unzählige interessante oder furchtbare Dates, treffen sich ununterbrochen mit potenziellen Partnern, gehen kurze Affären oder lange Beziehungen ein und stellen fest, dass sie ihre Traumpartner eigentlich seit Jahren direkt vor ihrer Nase sitzen hatten. Was ist das zentrale Thema von »Will and Grace«? Eine Frau und ein Schwuler sind beste Freunde und helfen sich gegenseitig so weit es geht beim Finden und Behalten des Traumprinzen.

Zusammengefasst leben diese Shows vor allem durch das Spiel der Hauptcharaktere mit bestehenden Dating Regeln. Es geht immer darum: »Was tue ich als Nächstes?« und »Warum hat er das getan?« Solche TV-Serien flimmern täglich über deutsche Bildschirme und vermitteln uns ein oftmals diffuses Bild über die Paarungsgewohnheiten von Großstädtern. In manchen der Rituale finden wir uns leicht wieder, andere erscheinen uns eher fremdartig. Und langsam aber sicher beginnen wir, sie zu übernehmen.

Die bekanntesten Dating Regeln aus den USA

Für Frauen:

- Lassen Sie den Mann den ersten Schritt machen.
- Rufen Sie ihn nicht an, lassen Sie sich anrufen. Sie dürfen aber zurückrufen.
- Beenden immer Sie ein Date oder ein Telefonat zuerst.

- Gehen Sie keine spontanen Verabredungen ein.
- Das erste und zweite Date kann unter der Woche, das dritte sollte an einem Samstag sein.
- Seien Sie für ihn nicht häufiger als zwei-, maximal dreimal die Woche verfügbar.
- Seien Sie zurückhaltend, bevor Sie sich ihm anvertrauen.
- Sagen Sie nie zuerst »Ich liebe Dich«.
- Kein Sex vor dem dritten Date!
- Bis zur Verlobung sollen Sie auch andere Männer daten.
- Ziehen Sie nicht mit ihm zusammen, bevor Sie verlobt sind – wenn überhaupt.

Für Männer:

- Seien Sie kein Trottel.
- »Nein« bedeutet »Nein«!
- Versprechen Sie nicht, sie anzurufen, wenn Sie es nicht vorhaben.
- Der Sinn eines ersten Dates ist, ein zweites Date zu verabreden.
- Sprechen Sie mit ihr.
- Beenden immer Sie ein Date oder ein Telefonat zuerst.
- Üben Sie nie und in keiner Art Druck aus.
- Sagen Sie nie zuerst »Ich liebe Dich«.
- Sie meint es ernst, wenn sie Sie ihren Eltern vorstellt.
- Respektieren Sie ihre besten Freundinnen.
- Vernachlässigen Sie nicht Ihre Freunde.

Sie schütteln jetzt den Kopf und wundern sich? »Warum lassen die Menschen das nicht einfach laufen?«, fragen Sie sich jetzt vielleicht. Lassen Sie uns die Antwort darauf ein wenig nach hinten schieben. Ich verspreche Ihnen, Sie werden erstaunt sein, welche Erfahrungen manche Menschen mit diesen Dating Regeln gemacht haben – und wie häufig diese ganz besonders positiv waren.

Kurz zusammengefasst bedeuten diese Regeln für Frauen: Stehen Sie dem Mann so lange nicht vollständig zur Verfügung, bis er ein Commitment eingegangen ist, nach Möglichkeit einen Heiratsantrag gemacht hat. Geben Sie ihm nicht das Gefühl, dass er sich vorher Ihrer sicher sein kann. Für Männer wiederum gilt: Gehen Sie immer und jederzeit respektvoll mit ihr um, drängen Sie die Frau nicht, wirken Sie niemals gierig oder bedürftig, aber behalten Sie die Zügel in der Hand.

Interessanterweise kollidieren diese Regeln gelegentlich: Wenn beide sich bemühen, das Date oder das Telefonat als Erster zu beenden, werden Verabredungen und Gespräche womöglich sehr kurz ausfallen! Dennoch: Was bedeutet ein solches Verhalten für die Kommunikation zwischen zwei Menschen? Sie signalisieren sich auf einer nonverbalen Ebene, dass sie ein eigenes Leben führen, das sie selbstverantwortlich steuern, das ihnen wichtig ist – und dass sie dafür Zeit und Raum benötigen. Dies ist nachvollziehbar und für einen respektvollen Umgang miteinander unerlässlich.

Sind Dating Regeln überhaupt sinnvoll?

Die Antwort ist ein klares Jein. Manche Regeln fallen unter die Kategorie »Spielchen treiben« und sind wohl eher albern. Andere hingegen entsprechen den soziologischen und psychologischen Mustern ziemlich genau und könnten vielleicht wirklich eine große Hilfe sein, wenn sie im richtigen Moment befolgt werden und dem Persönlichkeitsmodell des Partners entsprechen.

Maria Z., Hannover: »Dating Regeln kannte ich nur aus dem Fernsehen. Ich habe mich nie wirklich mit so etwas beschäftigt. Bisher bin ich immer gut gefahren, wenn ich auf mein Gefühl gehört habe. Das reichte aus. Bis ich Stefan kennen lernte, der mich völlig verwirrte, weil er scheinbar einem Schema folgte, das ich nicht kannte. Das erste Treffen war in einem Kaffee, danach gingen wir ins Kino, dann in ein Restaurant. Danach lud er mich zu sich ein, und dann war für ihn klar, dass wir jetzt Sex haben würden, denn das stand wohl so in seinem Lehrbuch. Ich hätte es vielleicht vorher auch mal lesen sollen, denn dann wäre ich nicht abgehauen, als er mich so superselbstverständlich aufs Kreuz legen wollte.«

Regeln sind nur sinnvoll, wenn sie einvernehmlich und bewusst angewandt und gelebt werden. Wenn ein Mann nach dem ersten Treffen drei Tage mit dem Rückruf wartet, weil er damit einer Regel folgen will, dann kann das fatal werden, wenn die Frau wegen einer anderen Regel nicht den ersten Schritt machen möchte. Sie versteht seine Beweggründe nicht und wertet die lange Pause als Desinteresse. Denn sie kennt die Regel: Wenn sich ein Mann nicht innerhalb von 48 Stunden meldet, will er damit sagen, dass es kein weiteres Date mehr geben wird. Noch komplizierter wird es, wenn wir uns vor Augen führen, dass alle Menschen aufgrund ihrer Persönlichkeitsstruktur unterschiedlich reagieren und deshalb verschieden angesprochen werden müssen. Ein freiheitsliebender Mensch freut sich über die erste SMS nach zwei Tagen, während er einen Anruf innerhalb von 24 Stunden als aufdringlich empfindet. Umgekehrt wird jemand, der Nähe und Anerkennung sucht, kaum eine Wartezeit von 48 Stunden bis zum nächsten Treffen ertragen.

Bevor ich Ihnen beschreibe, wann Sie welche Regel einsetzen können oder sollten, müssen wir uns ein wenig mit einigen Kommunikationsformen und Persönlichkeitsmodellen beschäftigen. Begleiten Sie mich auf einen (sehr) kurzen Ausflug in die Welt von Persönlichkeitsanalyse und Kommunikationswissenschaften.

Kommunikationsformen und -typen

Der Sender

Eine häufige Standardantwort bei Problemen zwischen Menschen: »Ihr sprecht einfach nicht genug miteinander!« Tatsächlich kann das in manchen Fällen stimmen. Aber so einfach ist es nicht: Meist kommunizieren die Menschen nämlich sehr wohl, oft aber codiert oder nonverbal. Und unglaublich viel wird durch die Dinge gesagt, die nicht ausgesprochen werden. Ein besonders deutliches Beispiel aus der Kommunikation der Handy-Generation erzählte mir Stefanie R., 23: Sie schrieb am Sonntagabend direkt nach dem ersten gemeinsamen Wochenende und einer kurzen Verabschiedung ohne weitere Verabredung oder Resümee des Trips: »Habe das Wochenende sehr genossen. War sehr schön. Freue mich auf das nächste Mal!« Er antwortete am Dienstagabend: »Ich fand Sylt auch wieder klasse. Und hatten wir nicht Glück mit dem Wetter? Kuss«

Die spannenden Informationen dieser beiden Nachrichten stecken in den Dingen, die nur angedeutet oder gar nicht ausgesprochen/geschrieben wurden. Sie sagte ziemlich deutlich: »Das war ein tolles Wochenende mit dir, das ich wiederholen möchte.« Und sie erklärte das mit Nachdruck, denn sie sendete ihre Bewertung umgehend nach der gemeinsam verbrachten Zeit. Er ging auf die emotionale Ebene ihrer Mitteilung in seiner Antwort nicht ein, ignorierte den Wunsch nach einer Wiederholung, gab ihr aber als Entschädigung eine liebevolle Verabschiedung, die aber auch eine Floskel hätte sein können. Seine wichtigste Mitteilung lag aber eigentlich darin, wie spät er auf ihre SMS reagierte: nämlich mit einer Zeitverzögerung von zwei Tagen. Wenn er nicht komplett unsensibel war, wusste er, dass sie auf eine Antwort warten würde. Das heißt, er ließ sie bewusst im Unklaren, um dann eine unverbindliche Nachricht zu senden. Vermutlich hätte er auch sagen können: »Wir hatten eine gute Zeit, aber du bist es nicht für mich.«

Nehmen wir jetzt einmal an, Sie haben das Glück, tatsächlich die für Sie relevanten Dinge mit Ihrem Partner ansprechen zu können, dann ist damit zwar das Problem des Sendebetriebs Ihrer Informationen gelöst, denn Sie sind in der Lage, Ihre Nachricht zu artikulieren. Aber wie sieht es mit dem Empfang aus? Sind Sie sicher, dass Ihr Partner auch wirklich alles so versteht wie Sie selbst?

Zwei Menschen, die sich bereits zweimal getroffen haben, planen am Telefon ihren seit einigen Tagen verabredeten Abend. Er fragt: »Wollen wir heute vielleicht ins Kino gehen?« Sie antwortet: »Nicht schon wieder in einen dieser furchtbaren

Action-Streifen.« Genau betrachtet ging diese Konversation aneinander vorbei. Er stellte eine beinahe banale Frage nach ihrer Bereitschaft, einen Film zu sehen. Wobei er in Wirklichkeit Zeit mit ihr verbringen will und ihm Ort und Anlass egal sind. Am liebsten würde er sie sogar zu sich nach Hause einladen, traut sich aber nicht, das zu sagen, und hofft, dass sie durch die Formulierung »vielleicht ins Kino« einen Gegenvorschlag macht. Diese Informationen hat er nicht eindeutig mitgesendet. Er wollte eigentlich viel mehr Informationen übermitteln, als er dann letztlich ausgedrückt hat.

Doch was ist bei ihr angekommen? Sie reagiert barsch und mault gegen »furchtbare Actionfilme«. Dabei hatte er in keiner Weise einen bestimmten Streifen oder ein Genre vorgeschlagen. Sie aber weiß aus einem früheren Gespräch, dass er Action-Helden wie Stallone oder Schwarzenegger gerne sieht. Deshalb folgert sie, dass er sie in einen solchen Film mitnehmen möchte. Sie kann sich für Explosionen auf der Leinwand und zehn Leichen pro fünf Minuten wenig begeistern. Eigentlich will sie ein wenig kuscheln, und dafür wäre ein romantischer Liebesfilm oder eine leichte Komödie viel besser geeignet.

Ihre Antwort zeigt, dass sie Informationen in seine Frage interpretiert hat, die er nie gesendet hat. Ihre Erfahrungen und Projektionen führten dazu, dass bei ihr erheblich mehr Informationen angekommen sind, als er gesendet hat. Und das Dumme: Sie weiß noch nicht einmal, dass er eigentlich mit ihr auf dem Sofa kuscheln möchte.

In den Kommunikationswissenschaften gibt es zahlreiche Beispiele für Sender-Empfänger-Modelle. Nach Schulz von Thun beispielsweise beinhaltet eine Information immer vier Dimensionen. Einerseits hat eine Nachricht einen Sachinhalt (»Heute ins Kino«), der durch die Bedeutung der Worte und ihrer eindeutigen Codierung gegeben ist. Dann der Beziehungsaspekt, der das Verhältnis der Kommunizierenden zum Ausdruck bringt (»Wir gehen gemeinsam.«), der Selbstoffenbarungsaspekt, denn jeder Kommunikationsakt enthüllt etwas über die Person des Senders (»Ich würde gerne mit dir gemeinsam etwas unternehmen.«), und der Appellaspekt, denn die gesendete Information soll eine bestimmte Wirkung beim Empfänger erzeugen (»Geh doch bitte mit mir ins Kino!«). In einer Erweiterung werden diese vier Dimensionen noch um eine Meta-Ebene ergänzt, die eine Art Controlling darstellt und zur Lösung von Kommunikationsstörungen herangezogen werden kann.

Aber wie soll das funktionieren? Damit unsere beiden Akteure nicht im Kino einen Film ansehen werden, den sie beide nicht mögen, sondern kuschelnd auf dem Sofa enden, müssen sie die codierten Informationen offen legen. Das wiederum ist nicht einfach, denn je konkreter ein Partner einen Wunsch äußert, umso klarer kann er abgelehnt werden. Die richtige Aussage wäre wahrscheinlich gewesen: »Wenn du magst, könnten wir uns heute einen Film im Kino ansehen. Aber ich würde noch lieber einfach mit dir auf dem Sofa kuscheln.« Sie hätte jetzt die Möglichkeit, einen romantischen Film vorzuschlagen, das wäre dann wie ein Kompromiss. Oder sie könnte die Einladung nach Hause annehmen oder ablehnen. Es wäre auf diese Weise vom Sender auf der Meta-Ebene bereits berücksichtigt worden, wie der Empfänger reagieren könnte.

»Mühsam!«, denken Sie jetzt. Und Sie haben Recht. Wenn Sie einen Menschen noch nicht lange kennen und Sie sich bewusst von Ihrer besten Seite zeigen wollen, dann werden Sie nicht gleich Ihr Innerstes nach außen kehren. Und selbst wenn Sie es wollen, sollten Sie damit vorsichtig umgehen und Ihre inneren Werte in handlichen Portionen dosiert präsentieren. Das bedeutet, dass Sie bei der Kommunikation mit dem potenziellen Partner zu Beginn eine Sprache der Vieldeutigkeit wählen, die Ihnen einen Rückzug offen lässt und dem anderen mehrere Interpretationsmöglichkeiten. Dies ist vor allem in der ersten Phase des Umeinander-Werbens völlig normal.

Der Empfänger

Noch ein Beispiel: Ihr neuer Bekannter verlässt nach einer wunderbaren Nacht am Sonntagmorgen Ihre Wohnung. Er begründet dies mit einem Stapel Arbeit, der auf seinem Schreibtisch auf ihn warten würde. Nun hatten Sie sich eigentlich auf ein gemeinsames Frühstück gefreut, danach vielleicht ein Spaziergang, dann noch mal ins Bett. Selbstverständlich lassen Sie sich die Enttäuschung nicht anmerken. Es gibt außerdem keinen Grund, an der Aufrichtigkeit dieser Aussage zu zweifeln. Oder doch?

Je nachdem, wie Ihre persönlichen Erfahrungen sind und wie gut oder fest Sie in sich vertrauen, werden Ihre Gedanken in verschiedene Richtungen gehen:

- »Ich will den Sonntag nicht allein verbringen. Ich sollte ihn fragen, ob ich ihm bei der Arbeit helfen und einfach mitkommen kann.«
- »Ich war nicht gut genug. Er verbringt den Sonntag lieber

mit einer anderen, die besser ist. Ich hätte mir mehr Mühe geben müssen.«
- »Der arme Kerl muss an einem solch schönen Tag arbeiten. Da wird er sicher heute produktiver sein, weil er eine tolle Nacht hatte.«
- »Das war's dann. Wer so schnell aus meinem Bett flüchtet, hat mich gar nicht verdient.«

Je nachdem, wie tief die Gefühle sind, die Sie für den anderen empfinden, werden Sie mehr oder weniger engagiert mit der Situation dieses Sonntagmorgens umgehen. In der Regel werden Sie ein Gefühl von Angst verspüren, von Verwirrung, von Sehnsucht. Und wenn es Sie hart erwischt hat: alles auf einmal.

Gesendet wurde nur: »Ich muss jetzt nach Hause und arbeiten.« Aber diese Nachricht hat beim Empfänger zahlreiche Fragen aufgeworfen. Entscheidend für den weiteren Verlauf dieser Beziehung ist jetzt die Reaktion des Empfängers, und die wird von dessen Persönlichkeitsstruktur gesteuert. Durch jede Reaktion wird nun der Empfänger selbst zum Sender. Doch über die eben erwähnte Metaebene ist ein Controlling möglich und auch nötig, denn bisher ist immer noch nicht klar, ob die Arbeit nicht für eine rasche Flucht einfach vorgeschoben wird. Und wenn dem so wäre, wissen wir den Grund dafür bislang nicht. Wir gehen der Einfachheit halber davon aus, dass tatsächlich der Job unseren jungen Mann plagt und er viel lieber geblieben wäre. In diesem Fall wäre jede Reaktion, die dies in Frage stellt oder behindert, falsch gewesen. Der Sender hätte mit einer konkreteren Aussage selbstverständlich einige Fragen überflüssig gemacht. Beispielsweise wäre der Hinweis eindeutig gewesen: »Ich rufe dich an, wenn ich fertig bin. Vielleicht treffen wir uns später noch einmal.« Oder: »Das war eine schöne Nacht. Ich freue mich auf die nächste.«

Ein Sender sollte also auch berücksichtigen, wie wohl der Empfänger die Information aufnehmen wird, wenn er sicher gehen will, dass er tatsächlich richtig verstanden wird. Denn um sich wortlos richtig zu verstehen wäre eine Vertrautheit notwendig, die viele Paare nicht einmal nach langen Jahren aufgebaut haben. Aus der Personalentwicklung kommen Persönlichkeitsmodelle, die stark auf die Kommunikationsfähigkeit von Menschen ausgerichtet wurden. Schließlich hat niemand im Berufsleben Zeit, erst einmal jahrelang den Geschäftskollegen kennen zu lernen. Dennoch müssen Nachrichten möglichst punktgenau gesendet und empfangen werden. Solche Analysemodelle wie beispielsweise der MBTI (Myers-Briggs-Typenindikator) haben sich so bewährt, dass sie von Therapeuten auch in Lebensbereichen außerhalb der Arbeit eingesetzt werden.

Persönlichkeitsmodelle

Es gibt zahlreiche Persönlichkeitsmodelle. Eines davon können Sie jeden Tag in der Zeitung lesen oder im Radio hören: das Horoskop. Schon vor Jahrtausenden wurden die Sternbilder genutzt, um Menschen in zwölf Charakter-Grundtypen zu ordnen – und das auch noch erstaunlich zutreffend. Bereits sehr früh wurden den Sternbildern dann zusätzlich die vier Elemente zugeordnet: Feuer, Erde, Luft und Wasser – entsprechend der Einteilung der antiken griechischen Mediziner, die Menschen in vier Temperamente einteilten, und zwar nach Maßgabe der Dominanz unterschiedlicher Körpersäfte. Daraus wurden dann im alten Rom die vier typischen Verhaltensgrundmuster: Choleriker, Sanguiniker, Phlegmatiker und Melancholiker. Goethe schrieb viel später dazu: »Wir alle haben vier Temperamente, allerdings in unterschiedlichen Mischungsverhältnissen.«

Diese Erkenntnis ist eine Basis zahlreicher moderner Vier-Komponenten-Persönlichkeitsmodelle. (Es gibt auch so genannte »Drei-Komponenten-Modelle«, Ayurveda beispielsweise.) Zu den derzeit populärsten gehören der MBTI und DISG. Sie basieren letztlich auf alten Modellen wie dem Riemannschen Kreuz und der Lehre von C.G. Jung und sind sich vor allem in Bezug auf die polaren Aussagen ähnlich. Bei Fritz Riemann sind es die Grundformen der Angst, die einen Menschen charakterisieren: schizoid, depressiv, zwanghaft und hysterisch. Etwas weniger drastisch: Der Schizoide (Choleriker) hat ein eher starkes Ego und Angst vor menschlicher Nähe, der Sanguiniker (Hysteriker) liebt und braucht die Veränderung, er hat Angst, dass etwas endgültig sein könnte, der Zwanghafte (Phlegmatiker) lebt gerne zurückgezogen, ist aber ein freundlicher Mensch, und der Depressive (Melancholiker) hat ein schwaches Ego, hat Panik vor jedem Wechsel.

Diese Typen sind Übertreibungen von normalen Persönlichkeitsstrukturen, die in jedem Menschen vertreten sind – aber eben in unterschiedlicher Ausprägung. Und damit wird es spannend, wenn es um Kommunikation geht. Wir machen jetzt keinen Psychotest, keine Sorge. Sehen Sie die folgenden Fragen als Selbstversuch, damit Sie sich besser vorstellen können, was Jung meinte.

Wie würden Sie sich selbst einschätzen?

– *Als eher extravertiert oder introvertiert?*
Damit ist eine Orientierung auf die Umwelt oder nach der eigenen inneren Wirklichkeit gemeint. Wer sich an anderen Menschen orientiert und dadurch Energie tankt, ist eher extravertiert, während jemand, der Alleinsein braucht, um Energie zu schöpfen, eher introvertiert ist. Ganz klar hat jeder Mensch mal das Bedürfnis alleine zu sein, und mal möchte er andere um sich haben: Jedoch bevorzugt er eine Einstellung. Nach einer Studie (Bradway, 1964) neigen etwa 75 Prozent der Bevölkerung zur Extraversion.

– *Liegt Ihnen eher das Denken oder das Fühlen?*
Lassen Sie sich eher von logischen Prinzipien oder von Ihren Gefühlen leiten? Wer überwiegend eine Wahl trifft, und dies aus logischen oder objektiven Überlegungen heraus, ist ein Denktyp, wer auf der Basis persönlicher Werte eine Wahl trifft, ist ein Fühltyp. Kopf- und Bauch-Menschen sind übrigens zu gleichen Teilen in der Bevölkerung vertreten – aber nicht zu gleichen Teilen zwischen Männern und Frauen. Passend zum angeblichen Klischee ergab die Studie, dass 60 Prozent der Männer Entscheidungen auf der Grundlage von Prinzipien treffen – aber so gravierend sind die Verteilungen nicht, dass man platt sagen kann: Frauen neigen zum Fühlen, Männer zum Denken. Es ist wohl so, dass jeweils die Mehrheit der Geschlechter dieser Typologie entspricht.
Auf die Unterschiede gehen wir noch ein. Sie haben Recht, wenn Sie hier viel Spannungspotenzial vermuten. Frauen erwarten häufig, dass ihre Männer endlich mal ein wenig

Gefühl zeigen, während Männer ihrer Partnerin vorwerfen, sie möge doch mal logisch agieren. Aber Achtung: Emotional reagieren Denk- und Fühltypen gleich intensiv. Sie zeigen es nur unterschiedlich.

- *Sind Sie eher ein Empfindungs- oder ein Intuitionstyp?* Nehmen Sie Dinge eher durch Ihre Sinne wahr – also Sehen, Hören, Riechen, Schmecken, Tasten – oder erkennen Sie Zusammenhänge eher intuitiv? Wer eher eine Vorliebe für die Empfindung hat, gilt in der Regel als praktisch veranlagt – wer mehr zu Intuition neigt, würde sich wahrscheinlich als innovativ bezeichnen. 75 Prozent der Befragten bezeichneten sich selbst als Empfindungstyp.

- *Sind Sie eher ein urteilender oder ein wahrnehmender Typ?* Schließen Sie lieber eine Angelegenheit ab, oder sind Sie lieber beweglich und lassen eine Entscheidung offen? Über die Begriffe »Urteil« und »Wahrnehmung« von Jung wurde lange diskutiert, weil nicht klar war, was er wirklich darunter verstand. Aber für die Typologie ist das nicht in erster Linie wichtig, denn die zu beobachtenden Unterschiede im Handeln der beiden Gruppen sind ziemlich klar. Die urteilenden Typen drängen beispielsweise in einer Beziehung gerne auf eine Entscheidung, während die wahrnehmenden Typen noch abwarten, bis zusätzliche Daten erhältlich sind und damit neue Optionen zur Verfügung stehen. In der Berufswelt prallen diese Gruppen gerne aufeinander, denn die einen gelten als verspielt, die anderen als verbissen. Übrigens sind auch hier beide Typen gleichmäßig in der Bevölkerung verteilt.

Diese Grundhaltungen lassen sich nun miteinander kombinieren, und je nach Persönlichkeitsmodell und Fragestellung ergeben sich unterschiedlich viele Persönlichkeitstypen. Wir beginnen mit einer Liste, die auf Jung basiert. Sie soll Ihnen vor allem eine Idee geben, wie solche Kategorien funktionieren. Da Sie hoffentlich nicht mit einem Fragebogen auf einen potenziellen Partner zugehen, verstehen Sie dies bitte nur als ein wenig »Futter« für Ihre intuitive Menschenkenntnis!

In einer ersten ganz groben Zusammenfassung könnte man sagen: Der Denktyp sieht die Dinge, wie sie logischerweise sein müssten, der Fühltyp sieht sie, wie sie sein sollten, der Empfindungstyp, wie sie tatsächlich sind, und der Intuitionstyp, wie sie sein könnten. Daraus ergeben sich bei Jung folgende Typen:

Persönlichkeitstypen nach C. G. Jung

- *Der extravertierte Denktyp*
  Wer ist das? Ein Mensch, der sich mit der Welt in der Regel analytisch auseinandersetzt. Er wird Dinge und Mitmenschen nach rein sachlichen Argumenten oder zumindest so objektiv wie möglich beurteilen. Dabei wird er auf persönliche Umstände nicht so viel Rücksicht nehmen, denn er hat klare Ziele, die er auch verfolgt und durchzieht. Er trifft rasch Entscheidungen, und er ist so romantisch wie ein Taschenrechner.

- *Der introvertierte Denktyp*
  Wer ist das? Kennen Sie Mr. Spock? Wie auch der extravertierte lässt sich der introvertierte Denker nur durch Tat-

sachen überzeugen. Er will nicht andere beeinflussen, er wird sich wahrscheinlich überhaupt nur selten mitteilen und was in ihm vorgeht, werden andere nur schwer herausfinden.

– *Der extravertierte Fühltyp*
  Wer ist das? Solche Personen suchen und geben Wärme, Harmonie und Geselligkeit. Sie wollen mit den Gefühlen anderer Menschen in Beziehung stehen und auch immer wissen, was in ihrem Gegenüber vorgeht. Sie stehen zu ihren Freunden und Partnern – aber sie sind sehr konfliktscheu, um niemanden zu verletzen. Sie hoffen immer, einen Kompromiss zu finden. Dabei übersehen sie, dass viele Kompromisse auf Dauer beide unbefriedigt lassen und unglücklich machen.

– *Der introvertierte Fühltyp*
  Wer ist das? Dieser Mensch sucht nach dem Sinn. Er hat wie der extravertierte Typ innere Wärme und Enthusiasmus – aber er zeigt sie nach außen kaum und wenn, dann nur Personen, denen er vollständig vertraut. Er hört auf seine Gefühle und beurteilt alles nach seinen persönlichen Werten. Er wird nur etwas beginnen, wenn es ihm sinnvoll erscheint.

– *Der extravertierte Empfindungstyp*
  Wer ist das? Solche Personen beeindrucken durch ihren guten Blick für Details und Fakten. Sie vertrauen in erster Linie dem, was ihre Sinne ihnen vermitteln. Dabei sind sie hervorragend in der Wahrnehmung der äußeren Realität und der Erfassung der tatsächlichen Gegebenheiten und

der dazugehörigen Umstände. Diese Menschen sind sehr anpassungsfähig – solange man ihnen nicht mit abstrakten Theorien kommt, denn die können sie nicht nachvollziehen.

- *Der introvertierte Empfindungstyp*
  Wer ist das? Dieser Mensch verarbeitet innerlich alle Eindrücke mit großer Sensitivität. So schnell bringt ihn nichts aus der Fassung, da er sich immer Zeit nimmt, um seine Umgebung zu reflektieren. Er signalisiert Stabilität, bleibt immer sachlich – ist aber auch keine Spur impulsiv oder spontan.

- *Der extravertierte Intuitionstyp*
  Wer ist das? Eine Quelle sprudelnder Ideen. Mit diesen Menschen wird Ihnen nie langweilig. Sie erkennen überall und in allem neue Möglichkeiten. Meist gelingt es ihnen, andere mitzureißen und zu motivieren. Leider erlischt ihr Interesse an einer Idee in dem Moment, in dem sie konkrete Formen annimmt. Denn dann wird der Raum für neue Ideen ja bereits wieder enger. Was das für eine Beziehung bedeutet, kann man sich denken: Die Idee der Hochzeit und einer lebenslangen Partnerschaft finden solche Menschen großartig, vor den Traualtar jedoch wird man sie nicht bekommen.

- *Der introvertierte Intuitionstyp*
  Wer ist das? Wie der extravertierte Typ kann der Introvertierte beeindruckende Visionen entwickeln und hat eine ausgezeichnete Vorahnung. Jedoch geht er darin so auf, dass er alles um sich herum vergisst. Und außerdem hat er große Mühe, seine Ideen anderen zu vermitteln. Allerdings

ist das auch meist nicht sein vorrangiges Interesse. Dinge zu Ende zu führen, ist leider nicht seine Stärke...

Nun haben sich neben Jung auch einige andere kluge Köpfe Gedanken gemacht, wie sich Menschen einordnen lassen. Beispielsweise Jungs Zeitgenosse Spränger in dem Buch »Menschentypen« von 1928. Er sprach nämlich von Werten, die die Typen unterscheiden, nicht von Funktionen: ästhetische, wirtschaftliche, theoretische und religiöse. Diese vier korrespondieren – und jetzt geht es wieder ganz weit zurück – mit den von Hippokrates genannten Temperamenten: dem sanguinischen, cholerischen, phlegmatischen und melancholischen. Schön griffig wird es, wenn man sich wie der amerikanische Psychologe David Keirsey statt der griechischen Medizin die griechische Mythologie vornimmt. Zeus beauftragte vier Bewohner des Olymp, die Menschen den Göttern ähnlicher zu machen. Apollo sollte uns den Sinn für das Geistige vermitteln, Dionysos den Spaß an der Lust, Prometheus die Wissenschaft und Epimetheus das Pflichtgefühl. Anschaulich an einer Unterscheidung der Typen anhand dieser Aufgabestellungen ist, dass sie sich deutlich voneinander unterscheiden. Wer sich dem Schöngeistigen angehörig fühlt, hat mit der Wissenschaft wenig am Hut, und wer nach dem Lustprinzip lebt, begnügt sich nicht mit Pflichtbewusstsein.

Aber: Diese Grundaufgaben stellt sich jeder Mensch unterschiedlich stark. Das Persönlichkeitsmodell MBTI unterscheidet bei jedem der vier Typen jeweils noch vier Untergruppen, die im Wesentlichen die Typologie von Jung widerspiegeln.

Persönlichkeitstypen beim Dating

Weil wir aber an dieser Stelle im Wesentlichen verstehen wollen, wie sich Menschentypen in einer bestimmten Phase verhalten – nämlich, wenn sie sich gerade kennen lernen, und wie sie dann weiter aufeinander zugehen können –, werden wir uns überwiegend mit den oben genannten vier Temperamenten beschäftigen. Sie finden nun ein paar Stichworte für jeden Typ, um das alles ein wenig anwendbarer zu machen. Am Ende der Liste finden Sie eine Reihe von Namen – dies sind nicht unbedingt Vertreter dieser Typen (ich weiß es nicht, denn ich habe mit ihnen keinen Test gemacht), aber es sind Personen oder Charaktere, die den Teilnehmern einer Online-Befragung spontan in den Sinn kamen, als sie die oben genannten Beschreibungen lasen.

Der Lustprinzip-Mensch (fühlen und wahrnehmend entscheiden, 38 Prozent der Bevölkerung)

- er will grundsätzlich frei sein, will sich nicht gebunden und nicht verpflichtet fühlen
- er will tun, was er will und wann er es will
- er handelt, weil er einer Laune folgt oder ihn selbst etwas dazu drängt
- er ist impulsiv und liebt plötzliche Ideen und Eingebungen
- er will von anderen als frei und uneingeschränkt in seinem Handeln gesehen werden
- er flüchtet, sobald er sich eingeschränkt fühlt
- er gilt als fröhlich, unbeschwert, charmant
- Warten ist für ihn eine Qual
- er nimmt keine Rücksicht auf langfristige Ziele oder Pläne
- seine Sprache ist klar und direkt

- er ist zäh und ausdauernd, nicht weil er ein Ziel verfolgt, sondern er macht einfach, weil ihm danach ist
- er erledigt keine Arbeit, sondern er hat Spaß am Prozess
- er ist spontan, unaufhörlich, unermüdlich
- er ist oft Künstler, aber auch Rennfahrer, Surfer oder Falschspieler
- es fällt ihm leicht, sich von seinen Bekannten oder Freunden zu lösen; er kann alles aufgeben, ohne sich umzudrehen
- er ist sehr loyal – solange er sich nicht zu fest gebunden fühlt
- er verschenkt einen Berg Rosen, vergisst aber die kleinen Aufmerksamkeiten, die Zuneigung bekunden würden
- er genießt alles zur Verfügung Stehende und lässt andere gerne daran teilhaben
- er polarisiert, denn andere sind irritiert von seinem Bedürfnis, so intensiv wie möglich in der Gegenwart zu leben

Namen, die in einer Befragung Menschen eingefallen sind, die in diese Kategorie fallen würden: Mozart, Casanova, Peter Pan, Madonna, Stan Laurel, Carrie (aus »Sex and the City«), Pluto

Der pflichtbewusste Mensch (empfinden und urteilend entscheiden, 38 Prozent der Bevölkerung)
- er will sich nützlich erweisen
- er liebt Aufgaben und Pflichten
- er braucht Zugehörigkeit
- er benötigt und schätzt Regeln
- er kennt alle Regeln von Murphy
- er setzt sich für soziale Einheiten ein und liebt es, irgendwo Mitglied zu sein
- er ist eher traditionell eingestellt

- er gibt gerne Feiern und lädt alle, auch die undankbaren Gäste ein
- er fühlt sich verpflichtet, Verantwortung zu übernehmen
- er ist Lehrer, Bankkaufmann, Controller, Projektmanager
- er braucht Anerkennung und Würdigung seines Tuns
- er hält an Bewährtem fest und meidet Veränderungen
- er trennt Besitztümer klar und strikt
- er ist für Depressionen anfällig
- er braucht Normen und Werte, privat wie beruflich
- er gibt täglich sein Bestes und versteht nicht, warum andere dies nicht tun

Namen, die in einer Befragung Menschen eingefallen sind, die in diese Kategorie fallen würden: Biedermann, Walter Faber (aus »Homo Faber«), Helmut Kohl, Norbert Blüm, Dagobert Duck

Der Wissenschaftler (intuitiver Denktyp, 12 Prozent der Bevölkerung)
- er will alles sofort verstehen und erklären können
- er kann schnell Zusammenhänge erkennen
- es reizt ihn, über Macht zu verfügen
- er schätzt Intelligenz und liebt es, Informationen zu sammeln
- er neigt zu gnadenloser Selbstkritik
- er will zwanghaft kompetent sein
- er muss sich immer weiter verbessern
- er stellt an sich höchste Anforderungen
- er ist widerspenstig, wenn es darum geht, Kritik anderer anzunehmen
- er bewertet Autorität nicht nach Ansehen, Rang und Titel

- er setzt sich immer neue, höhere Ziele
- er erwartet von anderen wenig
- er geht nicht davon aus, dass andere seinen Gedankengängen mühelos folgen können
- er hat Schwierigkeiten, sich zu entspannen und zu amüsieren, denn er hat sich das dann vorgenommen
- er wirkt auf andere arrogant und überheblich
- er wiederholt sich ungern und selten
- er ist in der Wahl seiner Worte sehr genau
- er ist Architekt, Ingenieur, Wissenschaftler, Mathematiker
- er geht in seiner Arbeit völlig auf
- er ist Neuem gegenüber aufgeschlossen
- er schätzt eigenen Willen, Selbstkontrolle und Intelligenz
- er wirkt kühl, entrückt und rätselhaft
- er ist zukunftsorientiert
- er geht Beziehungen ein, die er später bereut
- er nimmt andere Menschen nicht wahr und gibt ihnen das Gefühl, Luft zu sein

Namen, die in einer Befragung Menschen eingefallen sind, die in diese Kategorie fallen würden: Phileas Fog (aus »In 80 Tagen um die Welt«), Thomas Mann, Günther Jauch, Dr. Jeckyll

Der Schöngeist (intuitiver Fühlmensch, 12 Prozent der Bevölkerung)

- er sucht Authentizität in sich und seiner Umgebung
- er sieht seinen Lebenszweck darin, einen Lebenszweck zu haben
- er hat immer das Bedürfnis nach Selbstverwirklichung
- er braucht Anerkennung
- er will ein bedeutungsvolles Leben führen

- er kann jeder Beziehung etwas Sinnvolles verleihen
- er misst allen Geschehnissen eine besondere Bedeutung zu
- er hat ein gutes Gespür für Feinheiten in der verbalen und nonverbalen Kommunikation anderer
- er ist Schriftsteller, Dramatiker, Journalist, Lehrer
- er ist immer auf der Suche nach dem Sinn und nach sich selbst
- er kann sich auf andere perfekt einstellen und so darstellen, wie der ihn sehen will
- er strebt nach Vollkommenheit in seiner Arbeit
- seine Bedürfnisse sind immer auf Menschen ausgerichtet

Namen von Menschen, die in diese Kategorie fallen würden und den Teilnehmern der Befragung eingefallen sind: Wolfgang Joop, Charles Bukowski, Othello, Ernest Hemingway, Anais Nin, Siddhartha (aus Herman Hesses gleichnamigen Buch.)

Sie selbst finden sich in mehr als einem Typen wieder? Das ist in Ordnung so. In manchen Situationen werden Sie mal so und mal so handeln. Es gibt natürlich Mischformen. Aber merken Sie sich erst einmal diese vier Typen – die werden uns ausreichen, um Dating Regeln im richtigen Moment und bei den richtigen Menschen sinnvoll anwenden zu können.

Ist Ihnen an der Liste etwas aufgefallen? Möglicherweise hat Sie das Gefühl beschlichen, dass Sie sich immer wieder mit dem gleichen Menschenschlag eingelassen haben. Dies haben übrigens die meisten aller Teilnehmer der Befragung beschrieben. Sie sind also nicht alleine! Und es gibt dafür auch einen Grund. Aber dazu später mehr.

Maike R. aus Freiburg z. B. ist eine Frau, die sich auf neue Erfahrungen freut und gerne auf Menschen zugeht. Sie wundert sich ein wenig, dass sie immer wieder an Männer gerät, die scheinbar das krasse Gegenteil von ihr darstellen: introvertiert, dem gleichen Trott folgend – aber darin sehr beständig und im Vergleich zu ihr sogar ein wenig langweilig. Bei einer Stärken- und Schwächen-Analyse, die man neutraler Stärken- und Nicht-Stärken-Analyse nennen würde, könnte Maike feststellen, dass ihre bisherigen Jungs eine prima Ergänzung zu ihr sein könnten. Denn während sie beispielsweise unentschlossen nicht einen einzigen Urlaub, sondern zwanzig Reisen zu verschiedenen Zielen plant, hat ihr Partner längst für eine bestimmte Reise Hotels herausgesucht und das Preis-Leistungs-Verhältnis verglichen.

Um aber überhaupt zu dem Punkt zu kommen, wo solche Ergänzungen erlebbar werden, müssen unterschiedliche Typen wie diese beiden erst einmal lernen, miteinander zu reden. Das ist schwer, denn während Maike schnell von einem Thema zum anderen springt und selbstverständlich voraussetzt, dass der andere ihren Gedankengängen problemlos folgen kann, wollten ihre bisherigen Partner vor einem erneuten Themenwechsel ihre vorherigen Fragen detailliert beantwortet haben. Konfliktpotenzial besteht auch, weil Maike Entscheidungen umgehend und impulsiv trifft, während ihre Freunde sorgfältig das Für und Wider abwägen, bevor sie zu einem Schluss kommen. Maike braucht das nicht, denn sie entscheidet sich auch ganz schnell wieder um. Ihre Partner hatten damit meistens die größten Probleme, denn für sie galt: »Ist der Entschluss einmal gefasst, bleibt es dabei.«

Jetzt stellen Sie sich diese beiden unterschiedlichen Charaktere vor, wenn sie kurz nach dem Kennenlernen in der Werbephase angekommen sind. Sie haben einen wunderschönen Abend in einer Bar verbracht, er bringt sie nach Hause, sie verabschieden sich romantisch mit einem langen Kuss und verabreden, am nächsten Vormittag zu telefonieren. Maike hat jedoch völlig vergessen, dass sie den ganzen Tag in einem Termin sitzt und gar nicht anrufen kann. Sie will das am späten Abend erledigen, wenn sie dazu Ruhe hat. Er, nennen wir ihn Peter, hat das Telefon auf seinen Schreibtisch gelegt und erwartet ab 9 Uhr ihren Anruf. Aber der kommt nicht. Am frühen Abend greift er selbst zum Hörer und erreicht nur ihre Mailbox.

Peter hinterlässt eine Nachricht: »Du wolltest mich doch eigentlich am Vormittag anrufen. Jetzt ist es bereits Abend. Bist du nun nur unzuverlässig oder hast du mich versetzt?« Bei einem Menschen wie Peter, für den die Einhaltung von Absprachen ein tiefes Bedürfnis darstellt, provozierte Maikes Verhalten bereits die grundsätzliche Frage: »Werde ich abserviert?« Maike würde Peters Nachricht auf dem Anrufbeantworter sicherlich mit dem Gedanken quittieren: »Was ist denn nun passiert? Warum die Panik? Ich wollte ihn doch gleich anrufen!« In ihren Augen ist nichts Außergewöhnliches geschehen und sie findet Peters Reaktion überzogen.

Wenn Sie sich diese Situation wertfrei ansehen, stellen Sie fest, dass die unterschiedliche Wahrnehmung des Konflikts in der jeweiligen Wertedefinition und der Persönlichkeit der Personen begründet liegt: Jeder hat so gesendet, wie es seine »Natur« ist – jedoch wurde dies vom Empfänger anders verstanden.

Gängige Persönlichkeitsmodelle berücksichtigen die unterschiedlichen Wahrnehmungen, Ängste und Werte eines Menschen und kategorisieren ihn danach. Personen solcher Kategorien kommunizieren unterschiedlich und benötigen eine ihrem Modell adäquate Ansprache. Natürlich benötigt jeder Mensch eine individuelle, auf ihn zugeschnittene Ansprache – doch stehen Sie beim Dating ja noch davor, einen Menschen kennen zu lernen.

Dating Regeln und das Verständnis für verschiedene Persönlichkeitsmodelle helfen, die Kommunikation zwischen den einzelnen Typen so zu optimieren, dass möglichst genau beim Empfänger ankommt, was der Sender übermitteln wollte.

Die Phasen beim Dating

Sie sollten Dating zwar ernst nehmen, aber bitte Ihren Humor bewahren und spielerisch damit umgehen. Sie haben es mit den Gefühlen anderer Menschen zu tun. Diese nicht zu verletzen, ist eine Kunst. Wie auch immer Sie es aber anstellen: Sie werden bei der Mehrzahl Ihrer Bekanntschaften an den Punkt kommen, wo entweder Sie oder Ihr Date den Flirt abbrechen – das ist einfach so. Der alte Spruch: »Man muss viele Frösche küssen…« stimmt eben. Insofern ist jedes Date auch ein wenig ein Spiel und ein Wettkampf. Was dabei auch zählt ist das richtige Timing. Es ist wichtig zu wissen, in welche Phasen das Spiel unterteilt ist, um gut vorbereitet reagieren zu können.

Phase 1: Die Wahl

Das kann schnell gehen: In der U-Bahn, im Cafe, im Supermarkt. Oder eher langsam: Anzeigen schalten und lesen, Freunde um Blind Dates bitten. In der Wahlphase treffen Sie eine Entscheidung: Diese Person möchte ich näher kennen lernen, die finde ich interessant.

- *Wozu überhaupt?*
  Machen Sie sich klar, wohin das Date führen soll.
  Zu diesem Zeitpunkt im optimalen Fall, zumindest kurz danach, sollten Sie entscheiden, was Sie im Moment eigentlich wollen. Möchten Sie eine kurze Bekanntschaft und Ihren Hormonhaushalt ausgleichen – oder wären Sie bereit, sich auf mehr einzulassen? Hintergrund: Ein One-Night-Stand ist kein Date, in der Regel zumindest.
- *Werben und Flirten*
  Hier zeigt sich, ob Sie was von Marketing in eigener Sache verstehen. Denn nun müssen Sie sich verkaufen. Weil es schnell gehen sollte, können Sie auch keine »externe Werbeagentur« einschalten.
- *Telefonnummer erhalten und vergeben*
  Diese Kommunikation hat in der Regel, wenn es sich eben nicht um einen One-Night-Stand handelt, der rasch, am besten noch an diesem Abend passieren soll, ein Ziel: Kontaktdaten auszutauschen. Heute ist das üblicherweise die Telefonnummer, manchmal wird diese auch schon als »SMS-Nummer« vergeben, oder eine E-Mail-Adresse.
- *Der erste Anruf*
  Und jetzt entscheidet sich, wer zuerst anruft – und wann. Und in diesem Telefonat definiert man, ob es zu einer Verabredung kommen wird.

Phase 2: Die Verführung

Diese Zeit bereitet den meisten Menschen den größten Spaß. Denn hier wird Spiel und Sport kombiniert, ein paar Pheromone fliegen durch die Luft und kurbeln den Kreislauf an. Man bemüht sich, sich von der besten Seite zu zeigen und attraktiv und begehrenswert zu wirken.

- *Das erste Date*

  Die erste Verabredung hat nur ein einziges Ziel: im Falle der Sympathie eine zweite Verabredung herbeizuführen.
- *Das zweite Date*

  Das nächste Treffen ist klassischerweise eine Art Kontrolle des ersten Eindrucks: Ist der andere wirklich so, wie ich ihn wahrgenommen habe? Will ich ihn noch einmal sehen?
- *Das dritte Date/Das Real Date*

  Und schließlich die dritte Verabredung, die zumindest in den westlichen Ländern am häufigsten zum ersten gemeinsamen Sex führt. In den USA ist das tatsächlich die »Regel«, vor allem wenn der Mann die Dates finanziert hat. Aber dazu später noch mehr.

Phase 3: Die Verhandlung

Waren zwei Menschen erst einmal im Bett, ändert sich der Umgang schlagartig. War man sich zuvor noch fremd, besteht nun eine Intimität, die oft nicht nur körperlich, sondern auch psychisch zu spüren ist. Darauf reagiert jeder anders. Und das aus völlig verschiedenen Gründen, die zunächst nicht dechiffrierbar sind.

- *Nähe schaffen*

  Haben sich die Datenden entschieden, ihren Kontakt – auch

sexuell – weiterzuführen, kommen sie sich normalerweise Stück für Stück näher und lernen mehr voneinander kennen – und schätzen.

- *Rückzug*
  Fast immer führt diese Nähe dazu, dass sich einer der beiden erinnert, dass es auch ein Leben vor dem oder der Neuen gab, und sich zurückzieht, um sich zu besinnen, um sich zu ordnen – oder um eine Entscheidung zu treffen. Häufig wechseln sich die beiden in ihrem Rückzug sogar ab. Diese Phase ist übrigens nicht nur normal, sie ist auch die heikelste und birgt das höchste Fehlerpotenzial.
- *Beziehungsgespräche*
  Manchmal bereits nach der ersten, oft aber erst nach mehreren Rückzugsphasen, führen die beiden Datenden ein Gespräch über das, was da eigentlich zwischen ihnen passiert. Nicht immer, aber häufig werden hier zum ersten Mal Gefühle offenbart. Dieses Beziehungsgespräch legt fest, wie es weitergeht, und nimmt dem bis dahin eventuell harmlosen Flirt die Unschuld. Mit ein Grund, warum viele Menschen diese Situation quälend lange hinauszögern.

Phase 4: Die Entscheidung

Es bleibt nicht aus: Sie reden über sich und ihre Beziehung, wie immer sie auch aussehen mag, und Sie müssen nun entscheiden, wie und ob es weitergeht.

- *Lover-Lösung oder Affäre*
  Sie können weitermachen wie bisher: eine Affäre, bei der alles bleibt, wie es ist, ohne Verpflichtungen und Perspektive auf etwas anderes. Im besten Fall haben Sie sich dann einfach beide noch nicht entschieden, ob Sie den Kontakt

emotional oder sexuell vertiefen wollen. Fast immer aber wird hier einer der Partner seine Bedürfnisse nicht erfüllt sehen, und es wird zu einem Konflikt kommen.

- *Beziehung*
  Sie entscheiden sich aber vielleicht, dass Sie es miteinander probieren wollen. Eventuell sagen Sie bereits: »Das ist sie/er!« Oder Sie verständigen sich darauf, dass Sie beide Potenzial in ihrer Beziehung sehen und abwarten möchten, wie sich das weiter entwickelt. Wichtig ist, dass Sie sich beide auf die Bereitschaft festlegen, es miteinander zu versuchen. Ohne dieses Commitment stecken Sie noch in der »Lover-Lösung«.
- *Break Up*
  Das war es: Next! Manchmal stellen Sie fest, dass es einfach nicht klappt. Der Funke ist doch nicht übergesprungen, Sie sind emotional nicht genug involviert oder Sie entscheiden sich für einen anderen Frosch. Das bedeutet: Sie beenden Ihre bisherige Beziehung und gehen getrennte Wege.
- *Good Friends*
  Oder Sie versuchen, »gute Freunde zu bleiben«. Sehr datingerfahrene Menschen sind in diesen Bemühungen manchmal sogar erfolgreich. In der Regel aber trifft man diese Entscheidung nicht gemeinschaftlich – doch egal, wer die Entscheidung trifft, manchmal wird einer der beiden eine Trauerphase benötigen, bevor der Umgang wieder normalisiert werden kann. Häufig geht das auch gar nicht.

Diese Phasen wiederholen sich unentwegt. In den Erfahrungsberichten, die eine der Grundlagen dieses Buches darstellen, konnten sich 96 Prozent aller Teilnehmer mit diesem Ablauf identifizieren, mit Variationen natürlich, schließlich funktionieren wir ja nicht alle gleich. Dennoch können wir diese Phasen als Zeitachse nutzen, auf der wir nun unsere Dating Regeln anwenden wollen.

Die besten Dating Regeln

Dating Regeln für Phase 1: Die Wahl

Bevor Sie ein Date haben, müssen Sie erst einmal einen Menschen finden, der Ihnen gefällt und der auch Interesse an Ihnen hat. Für viele ist dies bereits die schwierigste Aufgabe. Es gibt aber welche, die sammeln Telefonnummern und Verabredungen ein, wie Kinder Blumen pflücken: »Hier ist noch was Nettes, schnell eingesteckt. Da auch noch was, und dort…« In Sekundenschnelle ist ein Strauß zusammen.

Da es zu diesem Thema bereits zahlreiche Publikationen gibt, will ich die verschiedenen Möglichkeiten der Suche nach einem potenziellen Dating-Partner nur der Vollständigkeit halber kurz streifen. Doch zuvor muss ich Ihnen die erste Regel auf den Weg geben, die nicht nur fürs Dating unerlässlich ist:

> ***Regel 1:*** *Tun Sie alles, damit Sie mit sich selbst zufrieden sind und sich in Ihrer Haut wohl fühlen!*

Ich will Ihnen gar nicht mit Ernährungs-, Gesundheits- und Wellness-Tipps kommen. Aber Sie können davon ausgehen, dass Sie deutlich sympathischer, attraktiver und lebensbejahender empfunden werden, wenn Sie genauso über sich selbst denken. Dazu gehört ein gesunder, aktiver Lebenswandel: ein wenig Fitness, ausgewogene Ernährung – aber auch Freude am Beruf und eine positive Lebenseinstellung. Annette S. aus Osnabrück formulierte das so: »Ich muss so sein, wie die Person, die ich kennen lernen will. Niemand gibt sich mit einem Trauerkloß ab. Mein Partner soll Spaß am Leben haben und auf sich stolz sein können. Damit sich ein solcher Mensch für mich interessieren kann, muss ich das selbst auch ausstrahlen!«

Nicht falsch verstehen: Sie sollen keinen Schauspielunterricht nehmen und eine Person vortäuschen, die Sie nicht sind. Niemand ist jeden Tag der Woche gut drauf und findet sich selbst ständig große Klasse. Aber wenn Sie sich in welcher Form immer aufmachen, einen Partner zu finden, dann müssen Sie eine grundsätzlich positive Haltung ausstrahlen. Sie wollen ja nicht aus Mitleid angesprochen werden! Wenn Sie sich nicht danach fühlen, gehen Sie lieber mit einer Freundin oder einem Freund essen oder ins Kino – aber nicht auf die Suche nach einem Date. Danach, wenn das Essen gut war oder der Film Sie begeistern konnte, ist der Zeitpunkt vielleicht günstiger!

Aber: Warten Sie nicht damit, etwas für sich zu tun. Vergessen Sie alle Entschuldigungen: »Wenn erst das wichtige Projekt vorbei ist!«, »Gleich nach dem Urlaub geht es los!« oder »Ich beginne an meinem Geburtstag!« Auch wenn es platt klingt: Sie haben nur dieses eine Leben, um Ihre Träume zu verwirklichen – vergeuden Sie keinen einzigen Tag. Und machen Sie sich nichts vor: Der erste Eindruck eines Menschen wird fast immer durch Äußerlichkeiten bestimmt. Das wird zwar niemandem gerecht, aber so ist es im Normalfall. Und den ersten Eindruck können Sie niemals wiederholen. »Ich möchte immer so gut wie möglich aussehen«, schrieb Daniel P. aus Hannover. »Natürlich wäre ich gerne mal nachlässiger. Aber ich will auch am Samstagmorgen im Supermarkt nicht signalisieren: Ich bin mir egal. Deshalb putze ich mich nicht heraus wie ein Pfau, aber ich achte darauf, dass ich mir selbst gefalle.« Es mag Ihnen zu spirituell oder zu abgegriffen klingen, doch wenn Sie sich selbst nicht mögen, werden Sie einen anderen Menschen auch nicht mögen können. Deshalb gehört zur Partnersuche, sich zuvor selbst gefunden zu haben.

Davon ausgehend, dass Sie mit sich im Großen und Ganzen zufrieden sind, wollen wir uns wieder der Wahl eines potenziellen Partners zuwenden. Oder ganz banal: Wie finde ich jemanden, den ich zu einem ersten Date einladen kann?

Während meiner Ausbildung hatte ich eine Mitbewohnerin namens Angelika, die mir jeden Sonntagmorgen zum Frühstück stolz eine gewaltige Zettelsammlung mit Namen und Nummern präsentierte. Casanova wäre neidisch geworden – ich sowieso. Da meine eigene Ausbeute immer sehr dürftig ausfiel, fragte ich nach einigen Wochen, wie sie das bitte anstellte und ob sie denn gar keine Furcht kennen würde, einen Korb zu bekommen.

»Nö!«, lachte sie. »Wovor soll ich denn Angst haben? Ich frage doch nur nach einer Telefonnummer? Da ist nichts dabei. Das ist kein Eheversprechen! Wenn ich mich mit jemandem unterhalten habe, der mir gefällt, dann frage ich ganz automatisch nach der Nummer. Die meisten Jungs freuen sich darüber!«

»Und was geschieht als Nächstes?«, wollte ich wissen.

»Ich überlege mir jetzt, wen ich einen Tag später interessant genug finde, um mich mit ihm zu einem Kaffee zu verabreden. Den rufe ich dann an.«

»Und was geschieht mit den übrigen?«, fragte ich.

»Die werden nichts von mir hören«, meinte sie. »Aber das ist normal. Die sitzen jetzt nicht hoffend neben dem Telefon und warten ausgerechnet auf meinen Anruf. Und wenn doch: ihr Problem! Ich habe schließlich nur nach der Nummer gefragt und nicht gesagt, ich würde sie heiraten wollen.«

Angelika zeigte neben einem gesunden Selbstbewusstsein vor allem eine positive Einstellung zur Partnersuche: Sie geschieht nebenbei. Und sie wird von den angesprochenen Männern wahrscheinlich deshalb als angenehm empfunden. Ich habe meine Mitbewohnerin damals sehr um ihre offene Art beneidet, denn nicht jeder kann so lässig auf andere Menschen zugehen und Nummern einsammeln. Und oft fehlt nicht nur der Mut, sondern auch schlicht die Gelegenheit. Wo treffe ich überhaupt jemanden?

In der heutigen Zeit müssen Sie nicht mehr vor die Tür, um Kontakte zu knüpfen: Ein PC und ein Internet-Zugang reichen bereits aus. Ich spreche von Online-Dating und kann Ihnen dazu mein Buch »Online Dating – So finden Sie Ihren Traumpartner« ans Herz legen. Dort finden Sie zahlreiche Tipps, wie Sie aus den riesigen Datenbanken der Singlebörsen einen Menschen herausfinden können, der zu Ihnen passt. Oder wie Sie sich so darstellen können, dass der Richtige auf Sie aufmerksam wird.

Aber auch die klassischen Orte funktionieren noch: Die Kantine, der Sportclub, der Verein, Partys von Freunden und Bekannten, Bars und Cafes sowie U-Bahn, Bus, Supermarkt, Buchhandlung etc. Hier braucht es ein wenig Mut, denn Sie müssen den direkten Kontakt suchen oder zumindest provozieren. Wenn Sie nur stehen und gucken, werden Sie höchstwahrscheinlich Ihren Einkauf nur mit ein paar Dingen für den täglichen Bedarf beenden – und nicht mit einer Telefonnummer oder der Aussicht auf ein erstes Treffen. Vor allem: Tun Sie es! Denken Sie nicht: »Morgen ist ein besserer Tag! Ich versuche es dann!« Oder: »Nächsten Samstag steht sie/er ohne Begleitung an der Bar, dann kommt meine Chance!«

Gehen Sie los! Was haben Sie zu verlieren? Nichts. Und was ist der »Big Deal«? Sie suchen mit einem anderen Menschen lange genug Kontakt, um Ihr Interesse deutlich zu machen und sich hoffentlich darauf zu einigen, dass Sie sich wieder treffen wollen. Mehr nicht. Sie müssen nicht Ihre Lebensgeschichte präsentieren, beweisen, wie originell und geistreich Sie sein können, wie viele Pokale in Ihrem Schrank stehen und welches Auto Sie sich vergangene Woche geleistet haben: Sie wollen nur ein weiteres Treffen!

Eine Ablehnung in dieser Phase ist nicht schön – aber verglichen zum Schmerz eines zerbrochenen Herzens nach einer sechsmonatigen Datingphase höchstens ein kleiner Stich. Den werden Sie überleben! Garantiert!

Die folgenden Tipps stammen aus den Erfahrungsberichten, die mir Leserinnen und Leser im vergangenen Jahr zugeschickt haben. Welche »Anmache« Ihnen liegt, das heißt, welche Ansprache zu Ihnen passt, müssen Sie selbst entscheiden und wahrscheinlich einige Male ausprobieren!

– Nicht zu wählerisch sein!
  Bianca R. aus Köln schrieb: »Ich weiß sowieso nichts über den anderen, nicht einmal, ob er seine Klamotten selbst aus-

gewählt hat. Da ich also keine verlässlichen Informationen habe, kann ich auch unvoreingenommen auf ihn zugehen!«

- Nicht unter Druck setzen!
  »Vielleicht finde ich nach dem ersten Satz heraus, dass sie mich für keine Sekunde interessieren wird. Darüber will ich mir aber nicht den Kopf zerbrechen. Flirten macht dann Spaß, wenn ich nicht weiß, wohin es führen kann«, erzählte Stefan S. aus Dresden.

- Ansprechen lassen!
  »Ich finde, Männer sollten den ersten Schritt wagen«, sagte Stefanie W. aus Coburg. »Weil ich weiß, wie schwer das ist, mache ich es ihnen so leicht wie möglich. Ich gebe mich offen und aufgeschlossen, gut gelaunt und zufrieden mit mir und meiner Situation. Und ich lächle sie auch mal an!«

- Mit etwas Phantasie aus der Situation heraus agieren!
  Thorsten K. aus Regensburg schrieb: »Den besten Erfolg hatte ich immer, wenn ich ein Gespräch zwanglos aus einer Situation heraus begann. Wenn ich sie beim Sport um Hilfe bei der Einstellung des Stairmasters fragte, den sie ja offenbar gut beherrschte. Oder in der Schlange an der Kantine, wo ich sie um ihre Meinung zu einem der angebotenen Menüs frage. Wenn Interesse besteht, läuft ein Gespräch dann von alleine.«

Keine Klischees! Hier eine kleine Sammlung von Eröffnungszeilen, die garantiert *nicht* funktionieren:
- »Was macht ein nettes Mädchen wie du alleine in so einem Lokal?«

- »Wo warst du nur mein ganzes Leben lang?«
- »Kennen wir uns nicht?« (Außer Sie kennen sich wirklich!)
- »Na, wie geht's?«
- »Kommst du oft hierher?«
- »Zu dir oder zu mir?«

Witzige Eröffnungszeilen funktionieren nur im Film. Wichtig sind Spontaneität und Phantasie. Hier einige Dinge, an die Sie denken sollten:

- Ihre Worte sollten Ihr Gegenüber persönlich ansprechen. Niemand möchte gerne Nummer fünf in einer Reihe von vergeblichen Anmachversuchen sein.
- Fast alle Menschen, die ausgehen, haben in der Regel eine ganze Zeit damit verbracht, ansprechend und attraktiv zu wirken, und hoffen, dass dies jemand Netter bemerkt. Seien Sie doch dieser Jemand.
- Packen Sie zwei Gedanken in Ihre Ansprache. Machen Sie ein Kompliment und fragen Sie, ob Sie ihr/ihm kurz Gesellschaft leisten dürfen.

Wozu überhaupt?

Machen Sie sich klar, was Sie wollen. Es ist einfach so: Wenn Sie auf einen harmlosen Spaß aus sind, werden Sie anders flirten, als wenn Sie den Partner fürs Leben suchen. Das Problem dabei ist, dass Sie niemals bereits nach einigen Augenkontakten und den ersten Sätzen wissen werden, ob der andere wirklich zu Ihnen passt. Es kann natürlich sein, dass die Anziehung so groß ist, dass jede Zelle in Ihnen ruft: »Das ist er/sie! Greif zu!« Aber dies ist dann ziemlich sicher eine Projektion Ihrer Wünsche. So schnell können Sie niemanden kennen gelernt haben!

Nun leben wir nicht mehr im Mittelalter. Wir alle gehen mal aus, haben einen netten Abend und enden mit einem/einer Fremden im Bett. Manche legen es aber auch darauf an. Und wenn dem so ist, dann sollten Sie sich das überlegt haben, spätestens nachdem Sie jemanden angesprochen oder getroffen haben. Wenn Ihnen zumindest die Möglichkeit durch den Kopf schießt, diese Person könnte für eine Beziehung taugen, dann sollten Sie sich an den klassischen Dating-Ablauf und die dazugehörigen Phasen halten. Ich weiß, das klingt jetzt altmodisch: Aber dieser Ablauf beinhaltet keinen Sex am ersten Abend. 90 Prozent aller Teilnehmer meiner Befragung erklärten, dass sie Sex beim ersten Date als ein Zeichen werten, dass daraus eigentlich nichts »Festes« werden kann. Umgekehrt sagten sogar 95 Prozent: Für den/die Richtige/n warte ich gerne ein paar Abende und überstürze nichts. Übrigens waren Frauen und Männer in ihren Aussagen hierbei nahezu gleich.

Ein One-Night-Stand ist kein Date. Ein Date ist etwas, bei dem Sie herausfinden wollen, ob Sie mit der anderen Person eine wie auch immer geartete Beziehung eingehen wollen. Hier ist noch alles offen, es bestehen keine Absprachen – außer dem selbstverständlich respektvollen Umgang miteinander. Ein sexuelles Abenteuer ist bereits eine Art Commitment. Sie haben sozusagen eine Phase übersprungen. Es ist nicht unmöglich, basierend auf einem One-Night-Stand eine Beziehung aufzubauen. Aber es ist sicher schwieriger, da Sie im Galopp durch die Wahl- und Verführungsphase geprescht sind, und sich am Morgen danach eigentlich ohne ausreichende Annäherung bereits in der Verhandlungsphase wiederfinden. Sie müssen dann einen Schritt zurückgehen, wenn das möglich ist, und sich die Zeit nehmen, den anderen außerhalb der sexuellen Anziehung wahrzunehmen. Wenn diese jedoch sehr stark ist – und das sollte sie für einen ONS schon gewesen sein, sonst hätte der Abend ja so nicht geendet –, dann werden die Pheromone schon dafür sorgen, dass Sie erst einmal keinen objektiven Blick hinbekommen. Je früher Sie sich also entscheiden, wie der Abend endet, umso besser.

Werben und flirten

Wir wissen, es geht im Moment nur darum, ein weiteres Treffen für den nächsten Schritt des Kennenlernens zu vereinbaren. Und dazu wollen Sie jetzt seine/ihre Telefonnummer. Nun will niemand von Spinnern angerufen werden, also müssen Sie Ihrem potenziellen Date in Sekundenschnelle beweisen, dass Sie keiner sind. Marketing ist nun gefragt.

Menschen sind keine Waren und sollten weder sich noch andere als solche betrachten. Doch sie tun es. Wie die Produkte im Supermarkt legen wir uns eine attraktive Verpackung zu und stellen unsere Vorzüge heraus, um irgendwie besser als die Konkurrenz wegzukommen. Möglicherweise haben Sie Ihre Garderobe stundenlang geplant, vielleicht haben Sie auch Ihre Tanzschritte vor dem Spiegel geübt und sind mit einer Freundin die besten Anmachen durchgegangen. Sie sind sich wahrscheinlich Ihrer eigenen Schwächen bestens bewusst, damit Sie sie wenn nötig verbergen oder sogar ausmerzen können. Das bedeutet Stress: Denn Sie wollen sexy und charmant wirken, obwohl Sie sich in diesem Moment beobachtet, unsicher und unattraktiv fühlen.

Ich würde Ihnen gerne sagen, dass Menschen durch die Verpackung hindurchblicken und sich nur für Ihre wahren Werte interessieren. Aber das stimmt einfach nicht. Besonders nicht in dieser frühen Phase, wo der erste Eindruck zählt – der eben über die Äußerlichkeit und den ersten persönlichen Kontakt zustande kommt.

Je selbstbewusster Sie sind, umso lockerer werden Sie diese Situation meistern und sich souverän ins rechte Licht rücken. Die beiden folgenden Erfahrungsberichte verdeutlichen sehr gut, worauf es eigentlich ankommt:

»Wenn Jungs um mich herumpfauen, werde ich aggressiv«, schrieb Maike B. aus Ingolstadt. »Dieses ›Mein Haus, mein Boot, mein Auto‹-Getue turnt mich ab. Angeberei finde ich grässlich. Natürlich soll er sich von seiner besten Seite zeigen – wenn er denn eine hat –, aber am meisten beeindruckt er mich, wenn er relativ bescheiden auf meine Interessen eingeht. Ich finde zum Beispiel einen aufmerksamen Mann klasse: Wenn er sich um ein Getränk kümmert, wenn das Glas leer ist, und wenn er auch einmal meinen Namen sagt. Dann weiß ich zumindest, dass er ihn sich gemerkt hat.«

»Wie sich jemand kleidet und gibt, sagt eine ganze Menge über ihn aus«, erzählte Ulrike T. aus Frankfurt. »Wenn ein Typ im Cordanzug in eine Lounge kommt, gibt er ein anderes Statement ab, als einer, der in Jeans und T-Shirt aufschlägt. Klar, das sind Äußerlichkeiten, aber sie verraten mir schon eine ganze Menge. Schmutzige Schuhe beispielsweise sind ein absolutes Killerkriterium. Da kann der Mann noch so klug reden und formvollendet Wein bestellen können.«

Frank L. aus Berlin: »Um eine Telefonnummer zu erhalten, reichen wenige Minuten. Ich finde es besonders spannend, danach nicht noch lange an ihr zu kleben, sondern sie wieder mit ihren Freundinnen alleine zu lassen und zurück zu den Jungs zu gehen. Vielleicht frage ich sie später noch einmal, ob sie mit mir tanzen möchte. Sicher werde ich ihr immer wieder zulächeln und garantiert werde ich mich von ihr verabschieden. Aber ich klebe nicht den ganzen Abend an ihr dran, denn ich habe von ihr, was ich wollte: Die Erlaubnis, sie anzurufen, und die Aussicht auf ein Treffen, wo wir Zeit füreinander haben werden.«

Offenbar ist Marketing zwar wichtig, aber nur, wenn es nicht als solches wahrgenommen wird. Und: Ein Flirt ist kein Freibrief für klettiges Verhalten oder Schaulaufen.

Aber einen Aspekt gibt es noch, der in der Werbephase manchmal bereits wichtig wird: Der »Klick«. Das ist diese scheinbar »magische« Anziehung, die uns von einer Sekunde zur anderen überfällt. Und plötzlich ist es egal, ob Ihr Gegenüber Prada oder blaue Müllsäcke trägt. Manche Menschen sprechen von der »Liebe auf den ersten Blick«. Ich will keinesfalls leugnen, dass es sie gibt. Viele Erfahrungsberichte beinhalteten Sätze wie »Bei meinem jetzigen Freund funkte es sofort« oder »Wir wussten gleich, das würde etwas Besonderes werden!«.

Tatsächlich wissen die meisten Menschen relativ früh, ob sie sich in den anderen verlieben könnten – jedoch ist »relativ« sehr dehnbar und auch unter »Verliebtsein« versteht nicht jeder dasselbe. Zahlreiche Teilnehmer antworteten im Fragebogen zu diesem Buch, dass sie ihren Partner eigentlich lange schon kannten, und Zuneigung und Leidenschaft erst spät und dann völlig unerwartet wuchsen.

Der »Klick«, den ich meine, beruht auf gegenseitiger sexueller Anziehung und einer unmittelbaren Sympathie. Egal wie sehr Sie sich Mühe geben werden, er ist nicht steuerbar – nicht von Ihnen und nicht vom anderen. Wir alle kennen das: Wir stehen in Feuer und Flamme und das Objekt der Begierde schüttet kaltes Wasser darüber. Egal wie interessant wir sind oder uns geben, egal welche Bedürfnisse des anderen wir zu befriedigen versuchen: Wir können den »Klick« nicht erzwingen.

Barbara W. aus Westerland schrieb über einen missglückten Flirtversuch: »Selbst wenn ich wie Jesus übers Wasser gelaufen wäre, hätte mich dieser Mann nicht anders als sachlich interessiert angesehen. Ich war einfach nicht sein Typ Frau. Weil ich ihn super fand, wollte ich das zunächst nicht einsehen. Bis mich endlich eine Freundin wegzog und sagte, ich solle aufhören, mich zur Närrin zu machen.«

Telefonnummer erhalten, vergeben

Da sind Sie also auf einer Party mit einem Freund einer Freundin ins Gespräch gekommen, Sie haben sich gut unterhalten, Ihre Augen trafen sich immer wieder, Sie lächelten beide – jetzt müssen Sie sich aber wieder um die Bekannten kümmern, mit denen Sie gekommen sind. Sie wollen den jungen Mann wiedersehen, also fragen Sie nach seiner Telefonnummer. Das ist doch einfach, oder?

In Amerika gilt, dass immer die Jungs nach der Nummer fragen, niemals die Mädels. Aus den Erfahrungsberichten, die ich ausgewertet habe, wird deutlich, dass sich die wenigsten Frauen in Deutschland darum kümmern, sondern gerne auch die Initiative selbst ergreifen. Julie B. aus München schrieb: »Natürlich finde ich es besser, wenn der Mann den ersten Schritt macht. Aber je selbstsicherer und selbständiger die Frau wirkt, umso schüchterner reagieren die Männer. Mir bleibt da gar nichts anderes übrig, als auf ihn zuzugehen!«

Wie so etwas ablaufen kann, erzählt Michaela S. aus Düsseldorf: »Das hat sich vor allem bei Partys bewährt, die ich aus beruflichen Gründen häufig besuchen muss. Ich sage dann: ›Wir haben uns so nett unterhalten, das können wir doch mal bei Gelegenheit fortsetzen. Wollen Sie mich nicht anrufen? Dann verabreden wir uns auf einen Kaffee. Ich gebe Ihnen meine Nummer. Sie erreichen mich bis Mitte der Woche am besten am frühen Abend.‹ Das klappt fast immer. Ich frage ihn auch gar nicht nach seiner Nummer, denn ich will ihn nicht bedrängen. So hat er die Möglichkeit zu überlegen, ob er sich melden möchte oder nicht. Und außerdem muss er weiterhin nach dem klassisch männlichen Rollenverhalten die Initiative ergreifen, das beruhigt ihn.«

Erfolg versprechend ist diese Methode tatsächlich vor allem, weil der Mann nicht aus der Pflicht entlassen wird, aktiv zu werden. Er hat zwar nun eine Telefonnummer erhalten, aber sie macht klar, dass sie den nächsten Schritt nun von ihm erwartet. Sie sagt, wann er sie erreichen könnte, und signalisiert damit: »Ich sitze nicht den ganzen Tag vor dem Telefon und warte auf deinen Anruf. Du hast maximal drei Tage, um es dir zu überlegen, dann ist der Zug abgefahren.«

Bei wirklich großem Interesse würde er antworten: »Prima, dann rufe ich Sie am Dienstag Abend zwischen 19 und 20 Uhr an, wenn Ihnen das passt.« Damit wäre das Spiel »Wer ruft wann zuerst an?« bereits abgehandelt. Zur Freude aller Teilnehmer.

Dann noch ein Hinweis an die Jungs: Die richtige Frage nach der Telefonnummer ist: »Darf ich Sie/dich anrufen? Würden Sie/würdest du mir Ihre/deine Nummer geben?« Sonst eigentlich nichts. Frauen reagieren selten gut darauf, wenn Sie direkt mit einem zu konkreten Vorschlag ins Haus fallen. Besser wäre zum Beispiel folgende Vorgehensweise: Stellen Sie sich vor, Sie haben sich mit einer Frau anregend über einen Film unterhalten, den Sie vergangene Woche gesehen haben. Nun leiten Sie um aufs Kino und fragen, ob sie nicht Lust hätte, mit Ihnen gemeinsam einen Film zu sehen. Dann bitten Sie sie um ihre Nummer. Sie machen keine weiteren Pläne, denn jetzt ist nicht Ort und Zeit, sich zu verabreden. Selbst wenn Sie einen Kalender dabei hätten: Für einen Terminabgleich ist es zu früh. Erinnern Sie sich? In dieser Phase geht es ausschließlich darum, Ihr Interesse zu bekunden, die andere Person kennen zu lernen. Mehr nicht.

Noch ein ganz praktischer Hinweis zu der Frage: »Wie übergebe ich meine Telefonnummer?« Anatol M. aus Oldenburg schrieb: »Nach wie vor bitte ich den Kellner um einen Zettel und einen Stift. Da schreibe ich dann vor ihren Augen meinen vollständigen Namen und meine Festnetz- und meine Mobilnummer auf. Eventuell sogar, wann ich am besten zu erreichen bin.«

Sie denken, das sei unpraktisch? »Wozu gibt es denn Visitenkarten«, fragen Sie? Miriam L. aus Frankfurt schrieb: »Wenn ich jemanden privat kennen lernen möchte, dann interessiert mich zunächst nicht seine Firmenanschrift. Visitenkarten haben oft etwas Unverbindliches – und viele Männer nutzen ihren Titel oder ihren Job gleichzeitig als Imponiermittel.« Und tatsächlich berichten die meisten Teilnehmer meiner Befragung, auf Visitenkarten eher negativ zu reagieren.

»Wenn mir jemand seine Karte in die Hand drückt, dann wirkt das, als hätte er vorher noch schnell einen Stapel eingepackt, damit er sie rasch unters Volk bringen kann. Manche Männer verteilen ihre Nummer, als würden sie vor einem Club Flyer verteilen. Das finde ich extrem unpersönlich. Er soll sich schon ein klein wenig Mühe geben. Selbst wenn er erst ein Post-It oder eine Serviette organisieren muss.«

Wir leben ja im digitalen Kommunikationszeitalter, wo Mobiltelefone zur Grundausstattung eines Menschen gehören. Die Speicherfunktion des integrierten Telefonbuches Ihres Handy macht natürlich jede Zettelwirtschaft überflüssig. Eigentlich. Frank W. aus Stuttgart schrieb: »Ich mag es nicht, wenn ich meine Nummer und meinen Namen schon gleich nach dem ersten »Hallo« einprogrammiert weiß. Das ist mir unangenehm, weil es schon eine gewisse Zugehörigkeit signalisiert.« Ähnlich drückte sich Renate B. aus Köln aus: »Wenn ein Mann sofort das Handy zückt und mich in sein Telefonbuch aufnimmt, fühle ich mich als Teil einer Liste. Weiß ich, ob er seinen Freunden abends nicht stolz die neuen Einträge präsentiert?«

Selbstverständlich merken wir uns heute keine Telefonnummern mehr, sondern nutzen die Speicherfunktionen unserer Handys. Doch sollten Sie den Charme der alten Kommunikationsmethoden nicht unterschätzen. Andererseits sind vor allem rational gesteuerte Menschen – Sie erinnern sich an unser Persönlichkeitsmodell aus der Einführung – in solchen Dingen eher pragmatisch. Die würden womöglich sogar vermuten, dass Sie es garantiert nicht ernst meinen und nur aus Höflichkeit nach der Nummer gefragt haben, wenn Sie diese nicht gleich in Ihr Telefon einprogrammieren. Mein Tipp: Bleiben Sie bei der »Zettelwirtschaft«. Im Zweifel werden Sie den Anderen positiv überraschen, indem Sie doch anrufen, und das gibt ihm sicher ein gutes Gefühl!

Der erste Anruf

Fast alle Teilnehmer der Befragung kannten die Regel: »Wenn man eine Nummer erhalten hat, soll man mindestens einen Tag warten, bevor man sich meldet.« Manche Regeln gehen auch von zwei oder drei Tagen aus. Erstaunlich ist, dass nahezu alle, auch diejenigen, die sich selbst als extravertierten Fühltyp – Sie erinnern sich an die Persönlichkeitsmodelle aus der Einführung? –, also als sehr wärme- und harmoniebedürftig bezeichnet haben, einen Anruf am gleichen Abend nach der Nummerübergabe als zu schnell bewerteten.

Robert W. aus Mannheim schrieb: »Eine Frau, die schon nach einem kurzen ersten Gespräch enthusiastisch reagiert und mich mit Anrufen und SMS bombardiert, ist mir suspekt. Ich vermute dann sofort, dass sie weniger an mir als Person interessiert ist, sondern nur ganz dringend einen Partner sucht. Wir kennen uns ja noch gar nicht. Also kann es ihr auch nicht wirklich um mich gehen!«

Frauen empfinden dies übrigens genauso, neigen aber in der Mehrheit zu weniger Geduld. Melanie T. aus Essen schrieb: »Am besten finde ich einen Anruf am zweiten Tag. Früher muss nicht sein, das ist zu gierig. Später zeugt von Desinteresse. Und wer sich nicht spätestens am dritten Tag gemeldet hat, wird abgehakt. Da erwarte ich zumindest eine SMS, die sagt: ›Bin auf Geschäftsreise, rufe in ein paar Tagen durch‹.«

> ***Regel 2:*** *Haben Sie viel Geduld. Sie wollen doch keinesfalls verzweifelt und einsam wirken.*

Darf ich Sie an ein Gedicht erinnern? Auch wenn sie deprimierend klingen: Hier kommen ein paar Zeilen aus Rainer Maria Rilkes »Herbsttag«:

> Wer jetzt allein ist, wird es lange bleiben,
> wird wachen, lesen, lange Briefe schreiben
> und wird in den Alleen hin und her
> unruhig wandern, wenn die Blätter treiben.

Empfinden Sie dies als eine unangenehme, körperlich bedrückende Vorstellung? Möchten Sie dieses Gedicht am liebsten in »Meine jährliche Novemberdepression« umtaufen? Dann gehören Sie zu den Menschen, die ein gewisses Verzweiflungspotenzial ihr Eigen nennen dürfen. Sie sind leider gefährdet, einen Partner um der Beziehung willen zu suchen anstatt eine Partnerschaft wegen Ihrer Gefühle für einen Menschen einzugehen.

Die gute Nachricht: Es gibt viele wie Sie! Die schlechte: Lebensbejahende Personen können mit Ihnen nichts anfangen. Verübeln Sie es ihnen nicht: Einen weiteren Frustbeutel wollten Sie schließlich auch nicht im gleichen Haushalt haben.

Eine Journalistin wagte nach einem Artikel zum Thema »Dating Regeln« und einem Interview mit mir einen Selbstversuch. Sie kam zu dem entschiedenen Ergebnis: »Niemals einen bedürftigen Eindruck machen! Diese Regel sollte auf Plakate gedruckt und überall verteilt werden!« Nichts vertreibt Menschen schneller als Leid und Verzweiflung. Mitleid hält nicht lange vor und ist eine schlechte Basis, wenn es zu Beziehungen kommt. Vergessen Sie nicht, wir sind immer noch beim ersten Eindruck, den Sie bei einem potenziellen Flirt erreichen wollen. Niemand wird von Ihnen erwarten, dass Sie sieben Tage die Woche und 24 Stunden am Tag fröhlich und aufgekratzt sind. Dennoch geht es im Moment nur darum, sich kennen zu lernen und etwas Zeit miteinander zu verbringen. Dies sollte so unbeschwert wie möglich geschehen. Es wäre also fatal, wenn Sie durch überstürzte Handlungen unbewusst signalisieren würden: »Hilf mir, ich bin so alleine!«

Sie sind mit der anderen Person noch nicht so vertraut, als dass Sie sicher sein könnten, wie Ihr gesendetes Gefühlspaket empfangen wird. Deshalb empfehle ich an dieser Stelle zum ersten (und nicht zum letzten) Mal, Geduld zu bewahren und nichts zu überstürzen. Lassen Sie wirklich einen Tag verstreichen, bevor Sie anrufen. Einzig der extravertierte Fühltyp wird sich möglicherweise einen Tag lang unwohl fühlen, während er auf das Telefon starrt und Ihren Anruf erwartet. Den Denktyp können Sie sogar zwei bis drei Tage zappeln lassen. Wahrscheinlich kennt er die Regeln sogar und findet nichts dabei, ein wenig zu warten. Im Zweifel beschäftigt er sich schon irgendwie.

In den Erfahrungsberichten beim Erfragen der Telefonnummer sagte Michaela S., dass sie sogar so weit geht, den Anruf bereits zu einer bestimmten Zeit anzukündigen. Dies ist natürlich die eleganteste Lösung – aber eine mit Verbindlichkeit.

Machen wir uns nichts vor: Wenn Sie an einem Samstagabend vier Nummern eingesammelt haben, werden Sie höchstens zwei Telefonate tätigen. Sie werden vermutlich keinen Beinahe-Unbekannten anrufen, nur um ihm zu sagen, dass Sie doch kein Interesse an einem ersten Date haben. Vielleicht wäre die Erde ein ehrlicherer Ort, wenn Menschen dies tun würden, aber die Erde ist ja auch keine Scheibe. Sie werden sich also einfach nicht mehr melden. Und das Schöne ist: Nach drei Tagen Warten weiß der andere, woran er ist. Hier wurde durch Nicht-Kommunikation kommuniziert – weil die Beteiligten diese Regel kannten oder ahnten. Umgekehrt bedeutet das:

> ***Regel 3:*** *Halten Sie sich immer an Ihre Ankündigungen, außer Sie wollen Desinteresse signalisieren!*

Wenn Sie innerhalb von drei Tagen – ohne Begründung – nicht angerufen haben, gehen fast alle Menschen davon aus, dass Sie kein Interesse haben. Wenn Sie also doch ein erstes Date vereinbaren wollen, müssen Sie sich an Ihr Versprechen halten. Vergessen Sie nicht: Sie fragten »Darf ich Sie anrufen?« – nun sind auch Sie am Zug.

Es gibt eine Regel in den USA, wonach sowieso immer nur der Mann die Frau anruft. Abgesehen von der für mich schwer nachzuvollziehenden Sinnhaftigkeit dieser Regel wurde sie von den meisten Teilnehmern der Befragung abgelehnt.

»Das ist Quatsch von vorgestern!«, schrieb Anja D. aus Berlin. »Ich nehme gerne die Zügel in die Hand und finde es ganz furchtbar, wenn ich darauf warten soll, dass er in die Gänge kommt. Darauf habe ich keine Lust.«

Dirk F. aus Stuttgart vertrat folgende Ansicht: »Wir leben doch nicht mehr im Mittelalter. Natürlich darf die Frau zuerst anrufen. Sie sollte mich nicht bedrängen, das ist klar, aber sie darf gerne den ersten Schritt gehen. Deshalb denke ich nicht schlecht von ihr oder dass sie leicht zu haben sei. Im Gegenteil, sie steigt in meiner Achtung, weil sie offenbar selbstständig ist und Mut hat.«

Aber es gab einige Stimmen, die für die Einhaltung der »Jungs zuerst«-Regel eintraten. Barbara M. aus Berlin schrieb: »Jungs sind von Natur aus diejenigen, die um das Mädchen werben müssen. Also sollen sie sich auch Mühe geben. Ich mache von Anfang an klar, dass er sich gefälligst um mich bemühen muss, dass ich nicht auf ihn angewiesen bin und dass ich auf gar keinen Fall ihm hinterherlaufe. Wenn er Zeit mit mir verbringen möchte, muss er schon etwas dafür tun.«

Bei der Wahl Ihrer Haltung sollten Sie nun kurz bedenken: Welcher Typ nimmt Ihnen dieses Verhalten womöglich krumm und warum? Der Lustprinzip-Mensch wird sich von dieser Regel nicht leiten lassen wollen, denn sie widerspricht seinem Wertesystem. Er will frei entscheiden, wann er mit Ihnen Kontakt hat – nämlich nur genau dann, wenn ihm danach ist. Ankündigungen und Verabredungen sind ihm womöglich sogar ein Graus. Wenn Ihr Date ein solcher Charakter ist, sollten Sie diese Regel flexibel halten, sonst verscheuchen Sie ihn/sie!

Aber jetzt ran ans Telefon! Machen Sie sich vorher klar, was Sie sagen wollen. Erinnern Sie sich daran, dass es nicht um Small Talk geht, sondern um das Ausmachen eines Dates. Sie haben während Ihres Treffens stundenlang Zeit, sich zu unterhalten. Sie müssen also nichts überstürzen. Der erste Anruf ist besser kürzer als länger, lieber freuen sich beide darauf, dass sie sich noch viel zu erzählen haben, als schon jetzt alle Highlights zu verpulvern!

Ein paar Grundlagen auch hier:

- Fragen Sie, ob der Zeitpunkt gut gewählt ist oder ob Sie lieber später noch mal anrufen sollen.
- Erklären Sie geduldig und deutlich, wer Sie sind, wann Sie sich getroffen haben und seien Sie nicht beleidigt, wenn die Erinnerung erst später einsetzt!
- Wenn es am anderen Ende der Leitung frostig ist: Schade, aber das war wohl nix. Könnte sein, dass er wirklich viel zu tun hat im Büro oder dass sie tatsächlich auf dem Sprung zu einer Freundin ist – aber die Wahrscheinlichkeit ist gering. Wenn jetzt kein Rückruf oder Vorschlag für einen anderen Zeitpunkt kommt: Vergessen Sie's lieber.
- Wenn es lauwarm scheint: Sie kennen die Gründe einfach nicht. Und Sie werden Sie auch nicht herausfinden. Auf keinen Fall können Sie sicher sein, dass Sie der Grund sind. Vielleicht nur ein schlechter Tag? Seien Sie geduldig. Reden Sie über Dinge, die Sie gemeinsam haben. Sprechen Sie das Date erst an, wenn die Atmosphäre besser ist. Oder schlagen Sie vor, noch mal anzurufen.
- Heiß: Machen Sie das Date. Sie haben sich vorher überlegt, wie das ablaufen soll. Also ran. Und genießen Sie das Adrenalin.

Regel 4: *Das erste Date findet auf neutralem Boden statt!*

Das scheint sich überall bewährt zu haben. Alle Befragten äußerten sich dahingehend, dass sie nicht mit einem gemeinsamen Abend in einer Wohnung beginnen würden. Ausnahme: Sie wollen nicht daten, sondern poppen. Aber wir hatten ja schon geklärt, dass dieses Buch dafür keine Anleitung bietet – nicht weil der Autor das verwerflich fände, sondern weil dafür einfach andere Regeln gelten!

Wie aber den richtigen Ort vorschlagen? Und was ist der richtige Ort? Das kommt darauf an: Wenn Sie beispielsweise bei Ihrem ersten Treffen über Filme redeten und feststellten, dass Sie beide Zeichentrickfilme mögen, dann schlagen Sie doch vor, sich gemeinsam den neuen Disney anzusehen. Da Kinos nicht so geeignet sind, um lange Gespräche zu führen, können Sie sich ja eine Stunde vorher auf einen Kaffee in der Nähe verabreden.

Ähnliches gilt für Musikveranstaltungen, wenn Sie da bereits Gemeinsamkeiten entdeckt haben. Immer größerer Beliebtheit erfreut sich auch eine gemeinsame Trainingseinheit: Laufen, Radfahren, Tennis, Squash – aber klären Sie vorher unbedingt das Leistungsniveau und stapeln Sie weder zu hoch noch zu tief. Ein Spaziergang kann sehr schön werden – es muss wirklich nicht immer Cappuccino sein! Seien Sie kreativ und schlagen Sie etwas vor, was bereits ein wenig über Sie verrät, wo Sie sich wohl fühlen und wo Sie sich beide bewegen können. Ohne Warmup für drei Stunden in die Oper: Eher nicht. Und haben Sie immer eine Alternative parat, wenn Ihre erste Idee nicht ankommen sollte. Der klassische Date-Killer ist die Frage: »Weiß nicht, worauf hast Du denn Lust?«

Die besten Treffpunkte für das erste Date

– *Der Spaziergang*

Wenn sich der Körper bewegt, wird das Gehirn animiert. Sie werden sich entspannter fühlen, wenn Sie in der Natur sind. Sie haben neuen Gesprächsstoff, was ganz willkommen sein kann, und Sie erfahren bereits, was Ihr Date von Radfahrern auf Fußgängerwegen, Kinderwagen und nicht angeleinten Hunden denkt. Offen bleibt weiterhin die Möglichkeit, in einem Café Zwischenstopp zu machen. Bedenken Sie: Sie können sich unterhalten, ohne dass andere Menschen Ihrem Gespräch lauschen. In Ihrem Lieblingscafé beginnen womöglich die Kellner zu lachen, wenn Sie schon wieder die Geschichte mit dem Fahrradunfall erzählen!

– *Die Hotellobby*

Das ist nicht so spießig, wie Sie vielleicht denken. Nicole M. aus Hamburg schrieb: »Jungs schlagen häufig fade Cafés vor, in denen die Atmosphäre so staubig wie der Teppich ist. Ich bevorzuge eher eine Location wie die Lobby des Site-Hotels. Da passiert immer etwas, und abends legt sogar ein DJ auf.«

– *Zum Sport*

Nach wie vor mein persönlicher Favorit: Ich lade Dates zu einer Runde Jogging ein. Bei gemütlichem Lauftempo traben wir dann um die Alster und genießen (hoffentlich) das schöne Wetter bei einer angenehmen Unterhaltung. Außerdem stelle ich damit klar, dass Sport ein wichtiger Teil meines Lebens ist, den ich gerne gemeinsam erleben würde.

Aber ganz klar: Nicht jede Sportart ist geeignet für ein Date.

Laufen ist sicher eine kommunikativere Sportart als Schwimmen oder ein Aerobic-Kurs. Auch von gemeinsamem Krafttraining in einem Fitness-Studio würde ich abraten. Squash, Tennis, Segeln, Inline-Skating oder Radfahren eignen sich da viel besser. Eigentlich alle Volkssportarten, die wenig Vorkenntnisse erfordern und nicht gleich nach Wettkampf und Hochleistungssport riechen. Apropos: Setzen Sie Ihr Gegenüber niemals unter Leistungsstress.

Vorteil: Die Zeit für das Treffen ist klar definiert und kann nicht endlos verlängert werden, weil einer nicht kapiert, dass alles bereits gesagt wurde, was für ein erstes Gespräch wichtig war. Nachteil: Unterschiedliche Leistungsniveaus können den Spaß minimieren.

– *Rollschuhbahn – Eisbahn*

»Ein wenig Mut können die Mädels schon zeigen!«, schrieb Sven H. aus Essen. »Aufputzen und aufrüschen und dann ruhig dasitzen und sich bewundern lassen ist einfach. Auf der Bahn müssen sie zeigen, was sie drauf haben. Und es macht einfach Spaß!«

In den letzten Jahren wurde dieser Klassiker vernachlässigt. Dabei erfahren Sie eine ganze Menge über Ihr Date: Funktioniert die Motorik noch? Kann er lachen, wenn er auf die Nase oder den Hintern fällt? Mag sie die gleiche Musik wie ich? Die Rollschuh- oder Eisbahn ist besonders empfehlenswert, wenn beide keine Profis sind. Jemandem lachend und mit den Armen um sich schlagend entgegen zu rollen, bringt gleich eine Art Vertrautheit, die ein Stück Torte nicht erzeugen kann.

– *Eine Ausstellung*

Kultur bringt Menschen einander näher. Das ist kein Gerücht! Beachten Sie aber das Thema der Ausstellung: Wählen

Sie nur eine, die Sie beide interessiert. Es findet sich garantiert eine: Antiquitäten, Erotik-Messen, Tattoo-Conventions und natürlich Picasso oder Warhol. Achten Sie darauf, dass das Treffen nicht zu einem Wissensquiz mutiert!

Vorteil: Es gibt ein Thema, über das Sie sprechen können, wenn Sie mit dem Lebenslauf durch sind. Der Nachteil: Die Geschmäcker sind verschieden. Beim ersten Date eine Diskussion über moderne Malerei kann ein Flirtkiller sein.

Treffen Sie sich dort oder schlagen Sie vor, Ihr Date aufzulesen? Früher holte der Mann die Frau bei ihren Eltern ab und lieferte sie nach dem Date dort wohlbehalten wieder ab. Diese Tradition ist überholt, auch wenn Ihre Verabredung nicht mehr bei der Familie wohnt.

Reimar N. aus München schrieb: »Die meisten Frauen reagieren bereits komisch, wenn ich nur vorschlage, sie von zu Hause abzuholen. Deshalb treffe ich meine Verabredungen zum Beispiel im Eingangsbereich eines Cafés.«

Eine Erklärung hierfür lieferte Marion L. aus Düsseldorf: »Auf keinen Fall soll der Mann wissen, wo ich wohne, solange ich ihn noch nicht kenne. Ich bin nicht überängstlich, aber ich fühle mich so einfach wohler.«

Diese Vorsichtsmaßnahme müssen Sie akzeptieren – auch wenn Sie selbst ein Mensch sind, der sich anderen sofort vertrauensvoll mitteilt. Bewerten Sie es nicht als persönlichen Affront, wenn Ihr Date Ihren nett gemeinten Vorschlag ablehnt, von Ihnen abgeholt zu werden. Das hat vermutlich nichts mit Ihnen zu tun.

Aber gehen wir jetzt davon aus, dass Sie sich verabredet haben: Herzlichen Glückwunsch! Beenden Sie nun das Gespräch, schließlich haben Sie das Etappenziel erreicht: eine Verabredung. Sie müssen in den Tagen dazwischen nicht permanent anrufen und sich vergewissern, dass nichts dazwischenkommt. Schicken Sie vielleicht am Abend vor dem Date eine SMS, die ausdrückt, dass Sie sich auf das Treffen freuen – das sollte reichen. Zügeln Sie Ihr Verlangen und überstürzen Sie jetzt nichts.

Die häufigsten Fehler in der Wahlphase

– *Die Wirkung des Äußeren und des ersten Eindrucks unterschätzen*

»You never get a second chance for the first impression«, sagen die Amerikaner. Das bedeutet etwa: »Es gibt keine zweite Chance für den ersten Eindruck«. Dabei geht es nicht etwa darum, die Liebe auf den ersten Blick zu provozieren. Aber bedenken Sie, bis Sie sich kennen gelernt haben, weiß Ihr Gegenüber nur, was er in den ersten Sekunden und Minuten wahrgenommen hat.

Vor allem an Jungs gerichtet sei gesagt: In einer anderen Welt würde Ihre Auserwählte durch das fleckige T-Shirt hindurch direkt in Ihr Herz sehen. In unserer Welt aber sollten Sie für Flirtversuche die Regeln Ihrer Mutter berücksichtigen, die Sie sicher nie ungepflegt auf eine Party geschickt hätte.

Das gilt ebenfalls für die erste Textzeile. Es mag sein, dass die klassische Frage »Und woher kennen Sie die Gastgeber?« nicht originell ist. Aber garantiert hinterlässt dies einen besseren Eindruck als: »Bald ist wieder Wahl! Kennen Sie den: Was geschieht, wenn die SPD in der Wüste regiert? Erst nichts, dann geht der Sand aus!« Nicht nur bei SPD-Wählern!

– *Verzweifelt wirken*

Das absolute NoNo. Die Diseuse Georgette Dee sagte mal: »Nichts vertreibt einen Mann schneller als eine verheulte Fresse«. Auch hier möchte ich Sie nicht überreden, sich zu verstellen. Aber außer bei karitativen Charakteren werden Sie mit dem bedürftigen Hundeblick und Sätzen wie »Keine/r liebt mich« und »Ich wurde so furchtbar verletzt« keine Punkte machen.

Wenn Sie Ihre Wahl über Kontaktanzeigen machen: Vermeiden Sie auch dort Sätze wie »Ist denn hier niemand…« Sollten Sie sich so fühlen, verschieben Sie Ihr Flirtprogramm auf einen anderen Zeitpunkt und tun Sie lieber etwas für sich, was Sie wieder ins Gleichgewicht bringt: Gehen Sie mit Freunden ins Kino, kochen Sie sich etwas Außergewöhnliches, melden Sie sich endlich zu dem Spanisch-Kurs an, den Sie schon immer machen wollten…

Zwischenkapitel: Wie erkennt man die Typen?

Auf den Seiten 33–37 habe ich Ihnen die vier Haupttypen vorgestellt, basierend auf Jung, Marston und Myers-Briggs. Bevor wir zur Beschreibung dieser Typen kommen, noch ein Hinweis: Es geht nicht darum, Menschen in Schubladen zu stecken. Die Typologie dient einzig dem Zweck, dem Gegenüber besser gerecht zu werden und ihn entsprechend seiner Persönlichkeit anzusprechen und zu behandeln.

Wenn Sie sagen: »Jeder ist einzigartig!«, dann sagen Sie gleichzeitig: »Alle sind andersartig!« Ihre eigene Gedankenwelt und Ihre Persönlichkeit auf einen anderen Menschen zu übertragen, ist demnach ein sinnloses Unterfangen. Den anderen womöglich noch ändern zu wollen, ist ein grober Fehler.

Freuen Sie sich lieber an den Unterschieden – die vielleicht ja nur Ergänzungen sind. Doch bevor wir herausfinden wollen, ob eher zutrifft »Gleich und gleich gesellt sich gern!« oder »Gegensätze ziehen sich an!«, noch einmal kurz zur Beschreibung der einzelnen Typen.

– *Der Lustprinzip-Typ*

Er kommt mit etwa 38 Prozent recht häufig vor, hat ein impulsives Wesen und liebt es, nach Lust und Laune zu leben. Dabei geht er durchaus Bindungen ein – aber nicht so häufig und oft nicht so lange wie andere Typen. Seine Beziehungen können intensiv sein – solange sie währen. Er kann sich spontan auf etwas einlassen. Allerdings kann ihm die Verpflichtung rasch einengend vorkommen. Regeln sind ihm verhasst. Was er heute tun kann, beginnt er wahrscheinlich auch heute – er wird es aber ziemlich sicher nie vollenden. Freunde beschreiben ihn in der Regel als anregend, optimistisch, fröhlich, unbeschwert und amüsant. Er ist ein charmanter Gesellschafter und kann ein glänzender Unterhalter sein, und er braucht Abwechslung, sonst wird ihm schnell langweilig. Er hat ein starkes Ego, ist menschenfreundlich und fällt gern auf. Geschenke liebt er. Er verteilt sie und erhält sie gerne. Dabei genießt er es, daraus einen großen Akt zu machen, den Beschenkten und das anwesende Publikum zu beeindrucken.

Über Sex redet er gern, und er hat ihn gerne. Er wird von mehr Einflüssen stimuliert als die anderen Typen – was nicht heißt, dass er den ganzen Tag durch die Betten hüpfen will. Aber er spricht auf erotische Reize schnell an. Das bedeutet aber auch, dass lange Werbephasen für ihn eher abturnend sind. Mit gefühlvollen Dramen kann er nicht viel anfangen. Eine tragische Romanze wie Romeo und Julia käme für ihn nicht in Frage.

An morgen denkt er nicht oder sehr selten. Geld ist zum sofortigen Ausgeben gedacht. Wenn irgendwo was Neues auf den Markt kommt, weiß er darüber Bescheid – oder er besitzt es schon.

– *Der pflichtbewusste Typ*

Er ist ebenfalls mit 38 Prozent zahlreich vertreten und ist auf den ersten Blick das krasse Gegenteil des nach dem Lustprinzip lebenden Typen. Auf den zweiten Blick scheint er die perfekte Ergänzung zu ihm zu sein: Er fühlt sich dann wohl, wenn er sich nützlich erweisen kann. Ob privat oder beruflich – innerhalb der sozialen Einheiten, denen er angehört, will er Aufgaben und Pflichten übernehmen.

Vor allem geht es ihm um Zugehörigkeit und Ordnung. Denn seiner Meinung nach muss es Regeln geben, die die Beziehungen zwischen Menschen in allen Dingen ordnen. Der Erfinder der Dating Regeln könnte eher Vertreter dieses Typs gewesen sein. Er sagt, dass sich jeder seine Stellung im Leben erst einmal erarbeiten und dass jeder seinen Beitrag leisten muss. Vorrangstellungen sind für ihn keineswegs zufällig.

Obwohl er weiß, dass Wechsel notwendig sind, liebt er überlieferte und althergebrachte Regeln. Was sich früher als gut erwiesen hat, muss für ihn heute noch Bestand haben. Deshalb ist er in einer Beziehung in der Regel auch treu. Die wilde Zeit verbringt er, bevor er eine Beziehung eingeht. Er ist zu Letzterem bereit, ist er vor allem daran interessiert, eine Familie zu gründen und das Leben aller Angehörigen so angenehm und sorglos wie möglich zu gestalten.

Sexuell ist ihm daran gelegen, dem Partner ein Gefühl von Zuneigung und Dankbarkeit zu vermitteln. Lust ohne Liebe empfindet er als schal und unbefriedigend. In der Werbephase ist er noch recht aktiv – nach dem Commitment jedoch fließt seine Energie in die Erhaltung des Status Quo.

– *Der Typ Wissenschaftler*

Nur etwa 12 Prozent der Bevölkerung gehören zu diesem Typ. Er will gut sein in dem, was er tut. In allen Bereichen. Dadurch fühlt er sich in der Lage, die Dinge zu begreifen und zu steuern. Die vier Ziele der Wissenschaft sind: verstehen, beherrschen, voraussagen und erklären. Diesen Werten hat sich der Typ Wissenschaftler verpflichtet. Deshalb übernimmt er gerne das Kommando, denn im Zweifel ist er in seinen Augen der Einzige, der kompetent genug dafür wäre. Dafür trifft er auch rasch Entscheidungen und nimmt Herausforderungen an.

Er ist dabei zu Selbstkritik in der Lage – sogar besser als alle anderen Typen und zum Teil recht schonungslos. Dies ist eine seiner größten Schwächen, denn er wird seinen eigenen Ansprüchen selten gerecht. Er wird sich immer ein neues Ziel setzen, sobald er einen Etappensieg errungen hat. Kritik von anderen nimmt er nicht so gerne an. Denn die müssten ihm zuvor beweisen, mit welcher Qualifikation sie sich ein Urteil erlauben durften. Er wirkt dadurch häufig arrogant und ein wenig herrschsüchtig.

In einer Beziehung scheint der Wissenschaftler oft kalt und emotionslos. Er hasst es, sich zu wiederholen, deshalb sind ihm wiederkehrende Liebesbezeugungen einfach unverständlich. Bis er seine Meinung ändert, wird er bei dem einmal gefassten Entschluss bleiben. Wer nach dem »Ja, ich will« also mehr Zuneigungsbeschwörungen erwartet, ist bei ihm an der falschen Adresse. Dafür wird er aber auch bei einem einmal gewählten Partner sehr lange bleiben – sofern er sich eine langfristige Beziehung vorgenommen hat. Er hält sich an Versprechungen und Abmachungen: So wird aus einer Affäre mit einem »Wissenschaftler« selten mehr entstehen können, denn er wird sich an den gesteckten Rahmen halten.

Sexuell hat er wahrscheinlich einige Erfahrung und ist neugierig. Er lässt sich aber wahrscheinlich weniger von einem Porno dazu animieren als von einer Sexualstudie über neue Praktiken. Er ist eher treu und wird in seinem Leben nur eine geringe Anzahl von Beziehungen eingehen wollen.

– *Der Typ Schöngeist*

Nur 12 Prozent der Bevölkerung gehören zu diesem Typ. Dieser Typ befindet sich sein ganzes Leben lang auf der Suche nach sich selbst. Damit ist er auch derjenige, mit dem die anderen Typen das größte Verständnisproblem haben, denn in deren Augen bewegt sich der Schöngeist immer nur im Kreis. »Wer bin ich wirklich?«, fragt er und sucht Selbstverwirklichung und ein bedeutungsvolles Leben, das ihn aus der Masse hervorhebt.

Nach Untersuchungen von Myers-Briggs gehört ein Großteil der Schriftsteller und Journalisten dieser Gruppe an, so dass trotz ihrer geringen Verbreitung ihr Einfluss recht groß ist. Schauspieler dieses Typs neigen dazu, den Charakter, den sie spielen sollen, anzunehmen. Der Schöngeist kann in allen Situationen die Person verkörpern, die von ihm erwartet wird. Dies macht ihn für sein Gegenüber schlecht einschätzbar.

Oft geschieht es, dass er eine Beziehung mit Begeisterung und Enthusiasmus beginnt, um dann tief enttäuscht zu sein, dass seine Erwartungen nicht erfüllt wurden. Er liebt romantische Beziehungen. Kleopatra und Antonius oder das von Kate Winslet und Leonardo di Caprio verkörperte Liebespaar in »Titanic« können für ihn Vorbilder sein. Er neigt dazu, eine Affäre zu idealisieren und später unter seinen nicht erfüllten Projektionen zu leiden.

Der Schöngeist glaubt an die eine große Liebe, die ein Leben lang andauern wird. In einer Beziehung kann er dem Partner ein großes Maß an Zuneigung, Wärme und Wertschätzung geben.

Sie können davon ausgehen, dass jeder Mensch Anteile aller dieser Typen in sich trägt, doch die Präferenzen sind bei jedem unterschiedlich ausgeprägt. Es kann also gut sein, dass Sie sich selbst als eine Mischung zwischen »Wissenschaftler« und Lustprinzip-Typ sehen oder dass Sie an sich beobachten, dass Sie im Beruf eher der pflichtbewusste Typ sind, im Privaten aber eher ein »Schöngeist«.

Dating Regeln für Phase 2: Die Verführung

Jetzt geht es los: Sie haben ein gewisses Kribbeln im Bauch, sind erfüllt von freudiger Erwartung – hoffentlich – und können die Zeit bis zum ersten Date kaum abwarten. Und wenn dann noch kurz vorher eine nette SMS kommt: Da kann es schon plötzlich Frühling werden – unabhängig von der Jahreszeit.

Worum geht es in dieser Verführungsphase? Sie bemühen sich, sich von der besten Seite zu zeigen und attraktiv und begehrenswert zu wirken. Außerdem wollen Sie mehr über Ihr Objekt der Begierde erfahren oder vielleicht sich nur vergewissern, dass Sie nicht völlig betrunken waren, als Sie in der Bar neulich die Telefonnummer eingesammelt haben.

Für manche Menschen ist diese Phase die aufregendste und wie ein Spiel: »Das erste Date ist immer das schönste«, schrieb Stefanie R. aus Wilhelmshaven. »Wie ein unbeschriebenes Blatt: Es kann ein kurzer Einzeiler werden oder eine Shakespeare-Romanze. Alles ist möglich. Das ist spannend und animierend für mich.«

Allerdings haben viele auch genau damit ein Problem. Thomas L. aus Bochum hat vor dem ersten Date regelmäßig Angstattacken: »Wenn ich nicht befürchten würde, beim ersten Bier einzuschlafen, würde ich mir eine Handvoll Baldrian-Pillen einwerfen. Bevor ich mich in der Gegenwart eines anderen Menschen gelöst geben kann, muss ich ihn etwas näher kennen. Und das ist beim ersten Date einfach nicht der Fall. Meistens bin ich schon vom Angstschweiß durchnässt, bis sie dann endlich zu mir an die Bar kommt.«

Stefanie und Thomas reagieren auf das Neue, Ungewohnte völlig gegensätzlich. Stefanie hatte sich in ihrer Selbsteinschätzung als Lustprinzip-Mensch beschrieben, Thomas als der pflichtbewusste Typ. Würde sich Stefanie an die populäre Regel »Gib dich geheimnisvoll beim ersten Treffen und gib nicht zu viel von dir preis!« halten, würde dies die Verunsicherung von Thomas nur weiter steigern. Denn Persönlichkeitsprofile wie seines benötigen eine Menge Informationen, um ein Bild zusammenzufügen. Erst dann würde er sich entspannt und gelöst geben können.

Beiden kann dennoch eine Regel an die Hand gegeben werden, die auch bei solch unterschiedlichen Charakteren funktionieren wird und wahrscheinlich beiden einen schönen Abend bescheren kann:

> ***Regel 5:*** *Seien Sie so spontan wie irgend möglich.*

Das erste Date

Die erste Verabredung hat nur ein einziges Ziel: im Falle der Sympathie eine zweite Verabredung herbeizuführen. Um mehr geht es eigentlich nicht! Wenn Sie jetzt rufen wollen: »Es kann aber doch um alles oder nichts gehen! Vielleicht wird er ja meine große Liebe!«, dann sind Sie gerade in die Projektions-Falle getappt. Selbstverständlich *kann* ein erstes Date der Beginn einer Romanze von den Dimensionen eines Hollywood-Epos werden – aber aus etwas Abstand betrachtet ist es zunächst nur eine Unterhaltung zweier Fremder, die gegenseitig die Bereitschaft signalisiert haben, sich kennen lernen zu wollen. Darüber hinaus gehende Versprechen oder Absprachen wurden nicht getroffen.

Wenn Sie schon vom gemeinsamen Wochenende auf Sylt träumen oder sich in Gedanken auf der Verlobungsparty Ihrer besten Freundin einen Neid erregenden gemeinsamen Auftritt hinlegen sehen: Dann sind das Wunschvorstellungen, die Sie auf Ihr Date projizieren –, und dabei kennen Sie ihn noch nicht einmal. Ihre Erfahrungen, Wünsche und Hoffnungen haben bereits einen Traumprinz aus ihm gemacht. Kaum jemand ist davor sicher, denn unser Gehirn vergleicht nun einmal Unbekanntes mit bereits Gelerntem und setzt diese Informationen dann zusammen. Es hilft sicher, sich dieser Mechanismen bewusst zu werden. Und es ist auch schlau, die Projektionen des Gegenüber nicht mehr als nötig anzufeuern. Sie werden sie *nie* erfüllen können. In einer Kontaktanzeige habe ich kürzlich gelesen: »Ich weiß, dass niemand dafür geboren wurde, meine Erwartungen zu erfüllen.« Wenn diese Überzeugung wirklich stimmt, hat der Autor der Annonce dies wahrscheinlich auf die harte Tour selbst erfahren.

Was heißt das für Sie: Vergessen Sie die Dating Regeln, nach denen Sie sich besonders geheimnisvoll geben sollen. Und versuchen Sie auf keinen Fall, nur um dem anderen zu gefallen, eine Rolle zu spielen, die Sie nicht ausfüllen können.

Rolf N. aus Stuttgart schrieb: »Als ich Elke kennen lernte, war sie die Assistentin unseres Geschäftsführers. Alle Kollegen sagten mir, sie würde auf die erfolgreichen Typen stehen, die viel erlebt und gemacht hatten. Also redete ich den ganzen Abend von meinen Auslandsreisen nach dem Studium, von den Praktika in Südamerika und Chile und von meinen großen Zukunftsplänen. Das hat ihr gefallen. Ich fühlte mich aber eigentlich unwohl, denn ich bin gar kein Karrieremensch und spielte ihr nur etwas vor, um ihr zu gefallen. Wir waren zwei Jahre zusammen, und dieses Bild von mir ist sie nie wieder losgeworden. Immer warf sie mir vor, ich müsste meinen Hintern in Bewegung setzen und wieder so aktiv werden wie damals, als wir uns kennen lernten.«

»Beim ersten Date motze ich mich nicht mehr auf wie früher«, schrieb Judith K. aus Landshut. »Früher erschien ich immer aufgerüscht und geschminkt wie zum Opernball in Wien. Das macht mir zwar Spaß – aber eigentlich bin ich der Jeans- und

Sportswear-Typ. Die Jungs haben mir das dann aber nie mehr abgenommen. Heute versuche ich natürlich auch, gut auszusehen, aber ich achte sehr darauf, dass ich deshalb nicht durch falsche Labels oder zu viel oder zu wenig Haut als jemand erscheine, der ich gar nicht bin.«

In einer Folge von »Sex and the City« sitzt Carrie mit Miranda mittags auf einer Parkbank und spricht über das geplante Date mit ihrem neuen Schwarm Berger. Sie erzählt, dass sie bereits zehn Outfits für das erste Treffen probiert habe, als sie ihn an der Telefonzelle gegenüber entdeckt. Aufgescheucht flüchtet sie – »Oh nein! Er darf mich in diesem Aufzug nicht sehen!« – in die nächste Seitenstraße. Da steht sie nun, mit einer Trainingshose, einem T-Shirt und einer Jeansjacke – direkt vor einem Kino, in dem auch noch der Film läuft, zu dem sie sich mit Berger verabredet hat. Sie nimmt ihr Handy und ruft ihn an: »Ich stehe gerade vor dem Kino Ecke 23. Und da läuft in einer halben Stunde unser Film. Du bist nicht zufällig in der Nähe und hast spontan Lust?«

Die Datingbotschaft dieser Folge war: Mach nicht, was du denkst, was andere erwarten, sondern sei spontan. Natürlich ist das eine amerikanische Fernsehserie und von der Realität weit entfernt. Dennoch: Ein Date in Joggingschuhen kann erfolgreicher sein als ein Date in Manolo Blahniks.

Aber was ist »erfolgreich«? Noch einmal zum Mitschreiben: Wenn beide Lust haben auf ein weiteres Treffen. Das bedeutet: Sex beim ersten Date ist kein Zeichen von Erfolg!

Kommen wir also zur umstrittensten Regel bezüglich des ersten Treffens, beachten Sie die passende Nummerierung:

Regel 6: *Kein Sex beim ersten Date – wenn Sie eine langfristige Beziehung wollen!*

Bleiben wir kurz bei »Sex and the City«. Samantha sagt in einer Folge: »Die beiden Frauen, die ›The Rules‹ erfunden haben, wurden einfach nie nach der ersten Verabredung flachgelegt. Deshalb haben sie diesen Mist geschrieben: damit sich die Frauen, die erfolgreicher sind, schlecht fühlen.«

Demnach müssten Männer ja eigentlich über Sex beim ersten Date hocherfreut sein. Sind sie in der Regel, Jungs sind eben so, aber die meisten haben dann von den weiteren Möglichkeiten eine klare Meinung. Holger P. aus Cottbus schrieb: »Wenn daraus was werden soll, muss man mit dem Sex ein wenig warten.« Ähnlich äußert sich Michael S. aus Fulda: »Sex beim ersten Date, und ich hake das ab als einen One-Night-Stand. Eine Beziehung wächst nicht aus einer schnellen Nummer.«

Ähnlich klangen die meisten Frauen in den Fragebögen. Nina E. aus Coburg: »Der Mann soll wissen, dass er nicht alles gleich haben kann, sondern dass er dafür etwas investieren muss. Und wenn es nur Zeit ist.« Oder Gabi L. aus Delmenhorst: »So toll kann der Typ nicht sein, dass ich gleich mit ihm ins Bett will. Im Gegenteil. Wenn er wirklich klasse ist, dann will ich nicht den Eindruck erwecken, ich sei leicht zu haben.«

Die amerikanische Psychologin Judith Sills sagte in einem Interview, dass nach ihren Erfahrungen in der Paartherapie Beziehungen auf einer solideren Basis stehen würden, wenn die Partner den ersten Sex nicht gleich beim ersten Treffen gehabt hätten. Als Begründung gibt sie an, dass in der Wertevorstellung der meisten Menschen offenbar ein potenzieller Lebenspartner ernsthaftes Interesse vor allem durch eine längere Verführungsphase signalisiert.

Ob eine lange Balzzeit eine Garantie für eine glückliche und dauerhafte Beziehung ist, wage ich zu bezweifeln. Wir können aber als gesichert annehmen, dass sie häufiger von dem anderen als ernsthaftes Interesse gewertet wird als die Variante »ohne Vorlaufzeit«. Nur etwa zehn Prozent der Befragten sprachen sich in den Fragebögen für Sex auch vor dem dritten Date, dem »Real Date«, aus. Und das waren nicht alles Personen, die sich selbst als Lustprinzip-Menschen beschrieben hätten. Die Verteilung innerhalb der Gruppen schien recht ausgewogen.

Lassen Sie uns also festhalten: Die meisten Personen interpretieren eine lange Verführungsphase als solidere Basis für eine dauerhafte Beziehung als eine kurze. Wie lang oder kurz diese Phase nun sein soll, werden Sie individuell entscheiden müssen. Den Erfahrungsberichten nach sollten Sie aber immer wenigstens das zweite Date abwarten.

Und weil nicht alle so denken, noch ein Text aus einer Internetanzeige, die ich gefunden habe. Der junge Mann macht von der Anziehungskraft abhängig, was auf welchem Date passiert – und das könnte sogar – Achtung – Sex beim ersten Treffen sein!

> »If I find you hot, I will have sex with you on the first date
> If I find you attractive I will talk to you and might have sex on the second
> If I find you impressive I will have a third date

If you touch my heart I might become your boyfriend
If you touch my soul I will stay with you forever
I'm that kind of a guy...

Unabhängig davon, wann Sie nun zum ersten Mal mit Ihrer neuen Bekanntschaft im Bett landen: Sie geben mit der Wahl dieses Zeitpunktes ein Statement ab. Bewerten Sie dieses nicht über – aber unterschätzen Sie auch nicht die Wirkung. Wir werden darauf noch einmal beim berühmten dritten Date zu sprechen kommen.

Lassen Sie uns jetzt überlegen, wie Sie das erste Date beenden – wenn Austausch von Körperflüssigkeiten nicht in Frage kommen soll. Stellen Sie sich vor: Sie waren mit Ihrem Schwarm nach einem Spaziergang durch den Tiergarten noch im Café am Neuen See. Sie sind gemeinsam zur U-Bahn-Haltestelle gegangen – und nun? Ein Händedruck? Eine Umarmung? Ein Kuss auf die Wange? Oder womöglich einer auf die Lippen? Und wenn man dann schon dabei ist... Einige Teilnehmer der Fragebogenaktion haben mir geschrieben, sie würden Regeln kennen, nach denen mehr als ein Wangenkuss beim ersten Treffen nicht drin wäre. Tatsächlich gibt es wohl in Amerika entsprechende Erwartungen. Hierzulande jedoch scheint sich niemand darum kümmern zu wollen. »Ob ich beim ersten Treffen schon jemanden küsse oder nicht, entscheide ich spontan«, erzählt Maria K. aus Hamburg. »Da pfeife ich auf irgendwelche Regeln. Aber natürlich sagt die Verabschiedung etwas darüber aus, ob es wohl zu einem zweiten Treffen kommen wird.«

Nach Ralf B. bedeuten die einzelnen Rituale folgendes: »Unabhängig von dem, was sie mir sagt: Wenn sie mir zum Abschied die Hand gibt, vergesse ich sie schon mal besser. Bei einer Umarmung könnte es sein, dass sie nochmal anruft, ist aber nicht sehr wahrscheinlich. Wenn sie dies aber mit einem Kuss auf die Wange verbindet, wird sie sich wohl melden. Bei einem Kuss auf die Lippen oder einem richtigen, langen Kuss ergreife ich meist die Initiative und frage gleich, wann wir telefonieren wollen, um uns wieder zu verabreden.«

Ralfs Interpretationen könnten direkt aus einer US-Serie wie »Gilmore Girls« stammen. Nonverbale Kommunikation sticht die verbale: Auch wenn sie sagt »Ich rufe dich an«, aber zum Abschied nur einen Händedruck anbietet, wird es nicht lohnen, das Telefon zu bewachen.

Fast alle Teilnehmer hatten solche Erfahrungen gemacht – jedoch ließen die sich nicht in Regeln zementieren. Der Grund ist wohl, dass sich viele nicht trauen, das erste Date gleich mit einem Korb zu beenden. Antonia G. aus Frankfurt: »Sehr viele Jungs sind zu feige, um ehrlich zu sagen, dass sie auf ein weiteres Treffen keine Lust haben. Und dann spulen sie oft sogar das ganze Programm ab: Küsschen hier, Umarmung da – aber sie werden dich dennoch nie wieder anrufen. Oft sind das die, die sich zwei Stunden lang prima mit dir unterhalten haben, von denen du nie wieder hörst. Aber die anderen, von denen ich erwartet hätte, dass sie sich gelangweilt haben, die melden sich noch am gleichen Abend!«

Von unseren vier Persönlichkeitsgruppen wird es wahrscheinlich nur der pflichtbewusste Typ über sich bringen, ein erstes Treffen mit dem ehrlichen Satz zu beenden: »Das war ein schöner Nachmittag. Aber wir passen wohl nicht zueinander. Viel Erfolg noch bei deiner Suche.« Kaum jemand scheint das zugeben zu wollen. Statt dessen heißt es meist: »Wir telefonieren dann die Tage mal.« Oder: »Ich bin übers Wochenende jetzt nicht da, aber ich melde mich, wenn ich zurück bin.«

Mehr Mut wäre schön, ist aber selten zu finden. Oft fällt er auch ein wenig brutal aus: Ein Freund von mir verabschiedet sich gerne mit der Formulierung »Ich wünsche dir noch ein schönes Leben!« Man könnte sich sicher charmanter ausdrücken.

Wenn es also noch eine Regel geben sollte für das erste Date, dann wäre das wohl: Glauben Sie nicht unbedingt, wenn er Ihnen erzählt, er wolle Sie wiedersehen. Und sagen Sie selbst nett aber unmissverständlich die Wahrheit, wenn Sie den anderen nicht noch einmal treffen wollen!

Bevor wir zum zweiten Date kommen, möchte ich noch einen weiteren Kommentar von Samantha aus »Sex and the City« zitieren: »Mach dir nichts vor: Ein Mann kann dich jederzeit abservieren, egal ob er nun mit dir beim ersten Date Sex hatte oder erst nach dem zehnten!«

Das zweite Date

Das nächste Treffen ist klassischerweise eine Art Kontrolle des ersten Eindrucks: Ist der andere wirklich so, wie ich ihn wahrgenommen habe? Will ich ihn noch einmal sehen? Und wie dringend will ich ihn sehen? Wie bereits beim ersten Anruf nach dem Erhalt der Telefonnummer ist der Zeitpunkt der Reaktion von Bedeutung. Was ist jetzt sinnvoll? Eine SMS vom Nachhauseweg? Ein Anruf vom Sofa schon nach der ersten Stunde des Getrenntseins? Ein Gutenachtgruß womöglich? Eine Mail am nächsten Vormittag aus dem Büro?

In den USA ist die Regel populär, dass sich der Mann bei der Frau melden muss, und das innerhalb der ersten drei Tage. Bei uns scheint es egal zu sein, wer nun die Initiative ergreift, aber die Drei-Tage-Frist gilt bei vielen auch hier. »Ich warte exakt drei Tage«, schrieb Tina P. aus Rosenheim. »Dann weiß ich, dass nichts mehr kommt. Umgekehrt melde ich mich innerhalb der ersten zwei Tage, wenn ich Interesse an einem nächsten Date habe.«

Andere pfeifen auf solche Fristen und reagieren schon mal sehr spontan: »Einmal habe ich angerufen, da war ich gerade zur Tür reingekommen«, erzählte Nina W. aus Hamburg. »Allerdings merkte ich sofort, dass ich zu schnell reagiert hatte. Er war trotz des sehr schönen Nachmittags recht zurückhaltend und distanziert. Er fühlte sich wohl etwas bedrängt.«

Geduld ist nicht jedermanns Sache. Aus eigener Erfahrung kann ich Ihnen bestätigen, dass zu viel Geduld selten geschadet hat, zu wenig aber fast immer. Denken Sie an Regel 2: Sie wollen niemals bedürftig oder womöglich gierig wirken! Lassen Sie sich also ruhig ein wenig Zeit, bevor Sie das zweite Treffen vorbereiten!

Damit kommen wir zur nächsten Frage: Wo findet das zweite Date statt? Wenn Sie beim ersten Treffen das klassische Duo Spaziergang mit anschließendem Kaffee gewählt haben, würden jetzt Kino und Drink passen oder Ausstellung und Bar. Sicher wären Sie kein zweites Date eingegangen, wenn Sie Angst hätten, Ihnen würde der Gesprächsstoff nach kurzer Zeit ausgehen; dennoch tut ein thematischer Rahmen immer gute Dienste.

Frank K. aus Berlin: »Mein zweites Date halte ich gerne auf

einem Flohmarkt ab – das hat sich fast immer als Glücksgriff erwiesen. Außerdem erfahre ich gleich, welche Möbelrichtung mich in ihrer Wohnung erwarten würde! Und ob sie mit meinem Comic-Tick zurechtkäme!«

Für viele Paare gilt ja der erste gemeinsame Ausflug zu Ikea als größte Belastungsprobe der neuen Beziehung – insofern kann an dem Tipp mit dem Flohmarkt etwas dran sein. Wenn Sie nicht gleich über Einrichtungsgegenstände sprechen wollen, können Sie es mit dem Klassiker Kino versuchen.

Dirk F. aus Frankfurt schrieb in seinem Fragebogen: »Humor ist mir sehr wichtig. Ich finde es toll, wenn mich jemand zum Lachen bringen kann. Deshalb lasse ich ein Date gerne im Kino stattfinden. Dann suche ich eine Komödie aus und achte ein wenig darauf, ob wir an den gleichen Stellen lachen.«

Aber – und das gilt vor allem für die Jungs – Kino ist keine Einladung zum Fummeln. Das war vielleicht während der Schulzeit so, unter Erwachsenen gelten hier andere Regeln! »Eigentlich verabrede ich mich gerne ins Kino«, erzählte Natalie H. aus München. »Allerdings reagiere ich allergisch, wenn die Jungs dann wie Pennäler anfangen zu grabschen, sobald das Licht ausgeht. In den meisten Fällen aber ging das bisher gut, und man lernt, ob der andere auch mal zwei Stunden still sitzen kann oder ob er ständig dumme Zwischenrufe macht und sich mit den Sitznachbarn anlegt.«

Lassen Sie uns kurz rekapitulieren, bevor wir zur nächsten Regel kommen, worum es beim zweiten Date eigentlich geht. Es beantwortet die Frage: »Wird es ein drittes Date geben?«, nicht mehr und nicht weniger. Es gibt also keinen Grund für Stress, oder?

Regel 7: *Erzwingen Sie nichts!*

Einige Teilnehmer erzählten von überschwänglichen spontanen Gefühlsbezeugungen kurz vor dem Ende des zweiten Treffens – wohl um sich noch schnell im besten Licht zu zeigen. Ein Date ist keine Versteigerung bei eBay! Sie müssen nicht noch einmal aufdrehen und Gas geben. Vergessen Sie nicht: Sie hatten das letzte Mal einen guten Eindruck hinterlassen, sonst wäre es erst gar nicht zu dieser zweiten Verabredung gekommen. Anstatt sich selbst in Frage zu stellen, überlegen Sie lieber, ob Sie den anderen wiedersehen möchten.

Das berühmte dritte Date hängt manchmal wie ein Damokles-Schwert über dem zweiten. Viele denken, wenn sie jetzt zur nächsten Verabredung ja sagen, dann haben sie auch bereits Sex zugesagt. Dieses Thema wollen wir gleich besprechen. Aber es ist wichtig, dies für das Ende des zweiten Treffens im Gedächtnis zu behalten.

»Beim zweiten Date spätestens weiß ich, ob ich mit ihm auch ins Bett gehen würde«, schrieb Juliane M. aus Hannover. »Wenn ich mir das nicht vorstellen kann, werde ich mich auf kein weiteres Treffen einlassen. Und das sage ich meist gleich vor Ort und verzichte auf irgendwelche Spielchen, wo dann einer tagelang aufs Telefon starren muss.«

Aber: Ein erfolgreiches zweites Date führt nicht unbedingt zu Sex – das ist und bleibt immer Ihre Entscheidung. Nehmen Sie den Druck raus und entscheiden Sie zunächst nur, ob Sie erneut Zeit mit Ihrer Begleitung verbringen wollen. Wie wir im nächsten Kapitel sehen, gibt es nämlich keine Regel, die besagt, dass Sie beim dritten Date Sex haben *müssen*.

Das dritte Date – das Real Date

Herzlichen Glückwunsch! Nach einem offenbar netten und ansprechenden zweiten steht nun das dritte Treffen an – jenes berühmte »Real Date«, das zumindest in den westlichen Ländern am häufigsten zum ersten gemeinsamen Sex führt.

Lassen Sie uns rasch untersuchen, wo dieses Treffen am besten stattfindet, bevor wir uns den Ablauf näher ansehen. »Ich bevorzuge es beim dritten Date ein wenig formell«, schrieb Jessica P. aus Reinbek. »Er darf mich zum ersten Mal zu Hause abholen und in ein Restaurant führen. Nach einem möglichst romantischen Abend nehmen wir dann noch einen Drink in einer Bar, und wenn alles stimmte, lade ich ihn noch mit zu mir ein.«

»Wenn alles klar ist, dann lade ich sie zu mir nach Hause ein«, erzählte Norbert T. aus Düsseldorf. »Meinem Putengeschnetzelten konnte noch keine widerstehen! Und dann beginnt der Abend auch gleich ungezwungener als in einem steifen Restaurant.«

Essen gehört zum dritten Date für die meisten dazu. Vielleicht kommt ja daher die Regel, dass man nach Mittwoch keine Verabredung für Sonntag mehr annehmen soll: Danach werden Sie womöglich keine Reservierung mehr in Ihrem Lieblingsrestaurant ergattern können.

Antwort auf die Frage, ob es eine Bedeutung hat, in welcher Wohnung der Abend endet, konnte ich nicht finden. Die Zahl derer, die für das erste Mal das eigene Bett bevorzugen, deckt sich ziemlich genau mit der Zahl derer, die lieber mitgehen. Männer unterscheiden sich in diesem Punkt nicht von Frauen. Was jedoch aus den Erlebnisberichten herauszulesen war: Mehr Frauen verlassen in der Nacht das Bett ihrer neuen Eroberung, um dann doch zu Hause zu schlafen, als Männer. Ob das ganz banal daran liegt, dass Jungs häufig schnarchen?

Interessanterweise wussten bei der Fragebogen-Aktion auch diejenigen, die von sich behaupteten, keine Dating Regel zu kennen, von dieser klassischen Regel. Simone B. aus Bremen behauptete: »Kein Sex vor dem dritten Date! Das ist doch klar, und das gilt überall auf der Welt!« Christian H. aus Koblenz schrieb: »Beim dritten Mal geht es zur Sache. Vorher wurde nur ausgelotet, ob man sich in den Pausen dazwischen etwas erzählen kann.«

In anderen Ländern scheint das wirklich besiegelt zu sein. Friederike M. aus Hamburg erzählte über ihre Erfahrungen aus den USA: »Ich habe insgesamt sieben Jahre in New York gewohnt, daher kenne ich mich aus mit dem berühmten dritten Date, auch Real Date genannt: Wenn eine Frau mit einem Mann dreimal ausgeht und er immer bezahlt, rechnet er fest mit Sex beim dritten Mal.«

Scheinbar nicht nur in den Staaten: Auffällig war, dass vor allem Männer in Deutschland (aber nicht nur die!) das dritte Date als Erlaubnis für Sex werteten. Deshalb muss die Regel gelten:

***Regel 8:** Sie müssen keinen Sex beim dritten Date haben!*

Aus Amerika kommt der Begriff »Date Rape«. Der wurde in den Achtzigern geprägt, nachdem sich herausgestellt hatte, dass das Real-Date-Regelwerk in den Köpfen amerikanischer Männer so tief verankert war, dass sie ein »Nein« ihrer Partnerin nicht mehr akzeptieren wollten und sich nach einer Verabredung mit Gewalt nahmen, was sie sich ihrer Meinung nach verdient hatten.

Selbstverständlich sollte klar sein, dass die Einladung »Willst du noch auf einen Kaffee mitkommen?« kein sexueller Freibrief ist. Auch die Tatsache, dass Paare in einer frühen Beziehungsphase noch codiert miteinander kommunizieren, rechtfertigt keineswegs eine Überinterpretation. Klar, Sie dürfen sich Hoffnungen machen, wenn die Verabredung gut lief, Sie sich prima verstanden haben und Sie dann gemeinsam auf dem Sofa sitzen. Aber Sie dürfen es sich auch dann noch anders überlegen. Weil Ihnen einfach nicht mehr danach ist, weil der Typ nicht küssen kann und seine Zunge wie tot in Ihrem Mund liegt oder weil er sich einfach zu doof anstellt, um den BH aufzukriegen. Es gibt tausend Gründe, warum man auf der Zielgeraden das Rennen abbricht. Und alle davon müssen respektiert werden – ob das die Kondom-Frage oder der Knoblauchgeruch der gebratenen Gambas ist.

An dieser Stelle ein Hinweis auf die Droge GHB, die in den letzten Jahren einen zweifelhaften Ruf als Date-Rape-Droge erworben hat. Gamma-Hydroxybutyrat ist in der Dance-Szene seit langem als Liquid Ecstasy bekannt, obwohl es chemisch damit nicht verwandt ist. In niedriger Dosis wirkt GHB sexuell stimulierend und enthemmend, in hoher Dosis führt es zu einem Blackout. Das Fatale: Die Tropfen sind geruchlos und auch ziemlich geschmacksneutral und damit ideal als Zusatz in einen Drink geeignet. Außerdem wirkt GHB relativ rasch und hinterlässt nicht einmal einen dicken Kopf, wenn es nach einigen Stunden vom Körper abgebaut wurde. Längst hat GHB bei unseren europäischen Nachbarn wie Frankreich die so genannten K.-o.-Tropfen abgelöst. Offizielle Fälle in Deutschland gibt es nur wenige, *Der Spiegel* berichtete im Januar 04 von einer Vergewaltigung nach Verabreichung von GHB in Hamburg, und es besteht der Verdacht auf ähnliche Fälle in Berlin. Da die Droge jedoch in der Party-Szene nach Angaben der Polizei so verbreitet ist wie LSD, muss wohl hinter diesen Berichten mit einer hohen Dunkelziffer gerechnet werden.

Die beiden Autorinnen der »Rules«, Ellen Fein und Sherrie Schneider, empfehlen, niemals Dating Regeln zu thematisieren. Bei deren Ansatz, den ich vorsichtig als manipulativ beschreiben möchte, macht dies womöglich Sinn. Bei dem aber sicher sinnvolleren offenen Umgang miteinander dürfen und können Sie sicher ansprechen, was Sie sich vom dritten Date erwarten.

Barbara M. aus Frankfurt schrieb: »Fast alle Männer, mit denen ich ausgegangen war, kannten diese Regel über Sex nach der dritten Verabredung. Die Erwartungshaltung war immer sehr hoch: Wird es heute passieren? Und mir ging es oft ja genauso. Aber das dritte Date ist keine Garantie für Sex, und wenn ich mir unsicher bin, ob es mit dem Typ etwas wird oder ich noch etwas warten will, dann spreche ich das direkt an und sage, dass es auch mal bis zum vierten oder fünften Date dauern kann. Ich habe die Erfahrung gemacht, dass das sehr viel Spannung aus dem Abend genommen hat – und es oft zu einem sehr schönen Abschluss kam!«

Das funktioniert jedoch nicht immer, denn Menschen, die sich in starren Regelwerken sehr wohl fühlen, können spontane Änderungen dieser Wegweiser schwer nachvollziehen. In ihrem Persönlichkeitsmodell gibt es keine Ausweichmanöver. Harald T. aus Berlin schrieb: »Wenn es zum dritten Date kommt, sollte der Frau schon klar sein, wie das endet. Wenn sie das nicht möchte, darf sie dieser Verabredung nicht zustimmen. Ich habe genug Freundinnen, mit denen ich essen gehen kann. Dating erfüllt einen anderen Zweck. Ich würde natürlich nicht auf Sex bestehen, aber ich fühle mich dann schon verarscht und werde kaum noch einer vierten Verabredung zustimmen.«

Und wenn es denn nicht zum Sex kam? Weil einer keine Lust hatte, weil es sich einfach nicht ergeben hat, weil beide sich nicht trauten, das Thema anzusprechen oder weil man zu betrunken war? Dann verabreden Sie sich einfach zum nächsten Date!

Irgendwann ist vielleicht »die Luft raus«? In einer Folge von »Sex and the City« dauerte es quälende sechs Dates, und zwischen Carrie und ihrem Verehrer war es immer noch nicht passiert. »Werden wir jetzt gute Freunde?«, fragte sie besorgt. »Oder mache ich etwas falsch?« Samantha bot die Erklärung an: »Vielleicht ist er schwul?«

Lassen Sie sich nicht beirren und nehmen Sie sich so viel Zeit wie Sie mögen und brauchen. »Meinen jetzigen Ehemann habe ich drei Wochen lang gedatet, ohne dass etwas Sexuelles passierte«, erzählte Maike B. aus Würzburg. »Ich weiß, dass er schon daran zweifelte, dass ich wirkliches Interesse an ihm habe, aber dann machte ich ihm klar, dass sich das Warten schon lohnen würde. Und dann war es erheblich besser als die vielen Sex-Dates nach Schema F, die ich früher hatte.«

Die häufigsten Fehler in der Verführungsphase

- *Zu kurze Abstände*
  Überstürzen Sie es nicht. Sagen wir, Sie haben am Samstagabend ihre Telefonnummer erhalten. Sie melden sich wie angekündigt am Montagabend und wollen das erste Date verabreden. Wenn Sie beide spontan sind, ist es kein Problem, noch am gleichen Abend etwas zu unternehmen. Aber ansonsten reicht Mittwoch oder Donnerstag sicher aus. Sie müssen ja das dritte Date nicht bis zum nächsten Samstag erzwungen haben. Freuen Sie sich zunächst auf das erste.

- *Planen Sie Ihr Leben nicht um die Dates herum*
  Eine neue Bekanntschaft soll nicht Ihren normalen Rhythmus durcheinanderwirbeln. Natürlich kann ein Date auch einmal wichtiger sein als der Squash-Termin mit dem Arbeitskollegen. Aber noch kennen Sie die andere Person nicht so gut, und Ihr Sportpartner hat sich schon so viele Ihrer Geschichten klaglos angehört: Er hat es nicht verdient, versetzt zu werden! »Freundschaft geht immer vor Sex!«, schrieb Eric W. aus Köln. »Für ein Date sage ich keine Verabredung mit einem Freund ab. Das gehört sich einfach nicht!«

- *Bringen Sie Ihre Freundinnen und Freunde nicht zu früh und auf keinen Fall unangemeldet ins Spiel*
  Die ersten Treffen sollten Ihnen und Ihrer neuen Bekanntschaft gehören. Viele Menschen werden sich zurückgesetzt fühlen, wenn sie sich nicht Ihrer vollen Aufmerksamkeit sicher sein können. Karla D. aus Göttingen erzählte: »Beim zweiten Treffen gingen wir nach dem Kino noch in eine Bar, in der zufällig alle seine Freunde standen. Die wussten na-

türlich, was Sache war, und gaben den ganzen Abend lang ihre Kommentare ab. Nach einer Stunde wurde es so unangenehm, dass ich gegangen bin. Ein nächstes Treffen hat es nicht mehr gegeben, denn ich war mir nicht sicher, ob das nicht arrangiert war.«

– *Das dritte Date muss nicht an einem Samstag stattfinden*
Auch dies ist eine in den USA weit verbreitete Regel. Hintergrund: Alle Beteiligten gehen davon aus, dass nach dem Essen genug Zeit für einen Drink und dann für Sex bleiben soll. Ein drittes Date am Samstag nimmt jedoch ziemlich viel Spielraum, und unter der Woche ergibt sich ein großer Vorteil: »Sonntagmorgen kann ich schwer argumentieren, ich müsste jetzt ins Büro oder noch in den Supermarkt zum Einkaufen«, schrieb Ingo S. aus Hannover. »Aber nach der ersten gemeinsamen Nacht muss ich nicht immer auch gleich zusammen frühstücken. Ich gehe sowas gerne etwas langsamer an. Also verabrede ich mich lieber für das Real Date an einem Werktag.«

Zwischenkapitel: Welcher Typ fliegt auf wen?

Lassen Sie uns ein wenig über den »Klick« reden. Das, was bei uns passiert, wenn wir manchmal urplötzlich an einer anderen Person Interesse empfinden. Und welches wir eventuell ebenso rasch verlieren. Können wir es steuern? Brauchen wir es? Kann man es vorhersagen?

Bei allen Recherchen zu meinem Buch »Online Dating« fragte ich, wie lange es normalerweise dauert, bis die Befragten beim ersten Date feststellen, ob es »gefunkt hat«. Nahezu alle gaben an, dass sie schon innerhalb der ersten drei Minuten wüssten, ob sich der Kaffee lohnen würde oder nicht. Ganz klar: Der »Klick« ist für jeden zu spüren. Doch was ist dieser Klick genau? Weniger romantisch könnte man ihn auch »Anziehung« nennen. Diese Kraft lässt einen anderen Menschen für Sie entweder begehrenswert oder uninteressant erscheinen. Wahrscheinlich setzt sich diese Anziehungskraft aus zwei Komponenten zusammen: Unmittelbare Sympathie und erotischer Reiz. Wenn weder das eine noch das andere zutrifft, dann lässt Sie Ihr Gegenüber ziemlich kalt, im Gegenteil, Sie werden sich womöglich sogar in dessen Gegenwart unwohl fühlen, wenn er Ihnen zu nahe kommen sollte.

Überwiegt die Sympathie, haben Sie das Gefühl, dies ist jemand, mit dem ich mich unterhalten möchte, dem ich Dinge anvertrauen könnte und der in meinem Leben eine wichtige Rolle spielen sollte. Ist der sexuelle Reiz stark dominant, werden Sie vermutlich auf die Qualität der Unterhaltung nicht so viel Wert legen. Vielleicht schießt Ihnen sogar der Gedanke »Wir müssen ja nicht viel reden« durch den Kopf.

Richtig spannend wird es, wenn beide Faktoren gleich stark sind – und wenn dies dann auch noch von Ihrem Gegenüber genauso empfunden wird. Dann steht Ihnen eine wundervolle Zeit bevor, und Sie werden ein Hochgefühl verspüren. Manche nennen dies dann:

- *Liebe auf den ersten Blick*
  Es ist kein Märchen, es gibt sie wirklich. Aber nicht für jeden. Das hat nichts mit Schicksal zu tun, sondern mit einer Vielzahl von Faktoren, die in diesem Moment stimmen müssten. Neben der Anziehung muss ja auch eine Bereitschaft vorhanden sein, sich auf solche Emotionen einzulassen. Und

zurück zu unseren Persönlichkeitsmodellen: Nicht alle legen da die gleiche Bereitschaft an den Tag. Gerade Sympathie ist etwas sehr Intuitives. Wenn Sie aber eher analytisch wahrnehmen oder entscheiden, werden Sie sich logischerweise mit der Liebe auf den ersten Blick schwer tun.

Dies ist kein Problem – solange Sie nicht verzweifelt auf einen Blitzschlag warten, der Sie womöglich nie treffen wird. Sie werden vermutlich einige Zeit benötigen, um Informationen zu sammeln und auszuwerten, bevor Sie sich ganz sicher sind, einen Menschen richtig einzuschätzen – oder zumindest so gut, dass Sie sich entscheiden können, ihn sympathisch zu finden. Umgekehrt müssen Sie akzeptieren, dass andere diese Zeit benötigen – auch wenn Ihnen Ihr Gefühl längst gesagt hat, dass endlich der Richtige vor Ihnen steht. Und dies hat nichts mit Schicksal, mit Ihnen oder dem anderen zu tun: Es sind einfach unterschiedliche Wahrnehmungs- und Entscheidungsarten, die Ihre Persönlichkeit ausmachen.

Und dann noch eine Warnung: Die Liebe auf den ersten Blick ist häufig eine Projektion. Da steht plötzlich jemand vor Ihnen, den Ihr Unterbewusstsein hätte malen können. Doch in der Phase des Werbens werden Sie womöglich feststellen, dass diese Person gar nicht so ist, wie Sie sich das vorgestellt haben. Die Enttäuschung könnte ein umso schmerzhafteres Erlebnis werden.

– *Leidenschaft*

Wenn es nicht »Klick« macht, sondern »Peng!«, dann hat Sie vermutlich nicht Aphrodites Pfeil getroffen, sondern der ihres Sohnes Eros; nicht umsonst war sein Vater Ares, Gott des Krieges. Warum wir manche Menschen sexuell attraktiv finden und andere nicht, werden wir auch nach vielen erfahrungsreichen Jahren noch nicht befriedigend beantworten können – und wahrscheinlich ist das ganz gut so. Fakt ist, in Ihrem Körper beginnt ein chemischer Prozess, wenn Sie eine starke erotische Anziehung verspüren. Es gibt tatsächlich »Pheromonschleudern«, die etwa in einem Lokal nahezu alle Blicke – und zwar Blicke voller Begehren – auf sich ziehen. Solche Menschen sind selten – und wenn Sie in die Gravitation einer solchen Person geraten sind, denken Sie immer daran: Immense Leidenschaft allein ist keine gute Basis für etwas, das über eine sexuelle Affäre hinausgehen soll (aber sie ist auch kein schlechter Start!).

– *Weiß noch nicht recht*
  Kennen Sie dieses »Nicht Fisch, nicht Fleisch«-Gefühl? Sie finden die andere Person schon nett, und eigentlich passt sie in Ihr Beuteschema. Dennoch: Sie können sich einfach nicht entscheiden, ob Sie sich wirklich angezogen fühlen. In den seltensten Fällen wird sich hieraus mehr entwickeln können als eine Freundschaft. Seien Sie sich selbst gegenüber ehrlich: Wenn die Anziehung da wäre, es »Klick« oder auch »Peng« gemacht hätte – Sie wüssten es. Es braucht nicht noch zwei weitere Dates, um das herauszufinden.
  Möglicherweise ist einfach nur das Timing schlecht gewesen. Wenn nicht die Abgabe des Projektes vor der Tür stünde oder der Ex nicht am Nachmittag eine SMS geschickt hätte... Manchmal sind wir einfach nicht aufnahmefähig – weder für Pheromone noch für angenehme Worte. Quälen Sie sich nicht – und vor allem nicht den anderen, der Ihre Gedankenwelt nicht kennt. Vielleicht versuchen Sie es ja zu einem späteren Zeitpunkt noch einmal. Auch diese Ge-

schichte habe ich oft gehört: »Als ich Natalie kennen lernte, hatte ich mich gerade von Sandra getrennt«, erzählte Thomas R. aus Würzburg. »Ich fand sie prima, aber der Funke sprang nicht über. Ein halbes Jahr später trafen wir uns auf einer Party wieder. Ich sah sie und fragte mich, warum ich nicht schon damals bemerkt hatte, was für eine faszinierende Frau sie war.«

– *Anziehungskräfte der Typen*
Und wie ist das jetzt mit den Persönlichkeitsmodellen? Sie kennen das ja bei den Sternzeichen: Zwilling und Löwe ist garantiert »Peng!«, Zwilling und Widder ist »Klick« und Zwilling und Skorpion ist »NoNo«. Nageln Sie mich aber nicht darauf fest. Als Zwilling habe ich mir nur ein paar Bruchstücke merken können, die mein Sternzeichen und meinen Aszendenten betreffen (ich bin übrigens Löwe, falls das jemanden interessiert) – und da bin ich nicht sicher, ob ich das richtig behalten habe.
Ich kann Ihnen aber sagen, dass der Gestalttherapeut und Psychologe David Keirsey seit Mitte der fünfziger Jahre Typenbeobachtung betreibt und zu erkennen glaubt, dass die Mehrheit der Menschen sich für den entgegengesetzten Typen interessiert und diesen auch häufig heiratet. Also wer selbst nach strengen Regeln leben möchte und sein Leben am liebsten lange in die Zukunft plant, ist von Menschen fasziniert, die scheinbar nur im Hier und Jetzt leben und sorglos das genießen, was auf sie zukommt.
Klar, so was kann schief gehen – aber denken Sie mal nicht, der Mensch würde sich deshalb ändern. Keirsey behauptet, die Betreffenden würden sich 10 bis 20 Jahre nach einer solchen, fehlgeschlagenen Beziehung nochmals für den ent-

gegengesetzten Typen entscheiden. Hat der Volksmund also doch Recht, der sagt: »Gleich und gleich gesellt sich gern«? Wenn Sie sich heutige Matching-Systeme im Internet ansehen, scheint dies so zu sein. Denn hier sucht der Computer ja nach Gemeinsamkeiten – wenn Sie ihn lassen. Und laut Jung würden Sie das selbst wahrscheinlich nicht tun, denn er sagt, dass das Entgegengesetzte eine anziehende und faszinierende Wirkung auf uns ausübt – gleiche Partner uns eher »kalt« lassen. Er begründet dies mit der Suche des Menschen nach den fehlenden oder weniger ausgeprägten Persönlichkeitsmerkmalen.
Andere Forscher sehen dies übrigens ganz anders. In der wenig repräsentativen Befragung für dieses Buch bestätigte sich allerdings eher die Theorie, dass der Mensch instinktiv nach einem Gegenstück oder nach einer Ergänzung sucht. Jetzt müssten wir nur noch wissen: Ist das denn auch schlau? Keirsey sagt klar: »Ja, aber nur, wenn Sie nicht die Absicht haben, Ihren Partner zu ändern.« Dieser Pygmalioneffekt sei nämlich der Hauptgrund für die meisten gescheiterten Beziehungen oder Ehen.
Keirsey glaubt, dass manche Menschen sehr lange nach ihrem genauen Gegenstück suchen, alle Register ziehen, dieses zu einer Beziehung zu bewegen und dann, wenn es ein Commitment gegeben hat, wie ein Bildhauer beginnen, an dem anderen herumzumeißeln.

Wir alle wissen, man kann seinen Partner nicht ändern. Dirk L. aus Bremen sagte: »Die Hoffnung stirbt zuletzt. Ich bin mir sicher, wenn ich ihr nur beweisen kann, dass es besser ist, vorauszuplanen, dann wird sie das auch verstehen und sich ändern.« Was er wirklich meint: »Sie wird sich mir schon irgendwann anpassen.« Und er wird sich und seine Partnerin auf die Dauer unglücklich machen – wenn sie nicht beide rechtzeitig erkennen, dass ihre Unterschiede legitim und vielleicht sogar eine Bereicherung ihrer Beziehung sind.

Bleiben wir bei dem genannten Beispiel: Sie liebt geregelte Abläufe, ihm geht es am besten, wenn er improvisieren kann. In jeder Beziehung wird es Situationen geben, in denen Planungen Sinn machen – und solche, in denen Spontaneität gefragt ist. Nehmen wir etwas scheinbar Banales und wenig Weltbewegendes zur Illustration: Sie kümmert sich darum, dass die beiden keinen Geburtstag ihrer Freunde vergessen, er sorgt für ein ausgefallenes Geschenk. Ich sagte bewusst »scheinbar banal« – denn ohne eine Absprache könnte jede Geburtstagsfeier im Vorfeld ein kleines Drama auslösen:

»Hast du an den Geburtstag meiner besten Freundin heute gedacht?«

»Nein. Warum hast du mich nicht erinnert?«

»Kannst du dir das nicht einfach einmal aufschreiben?«

»Das ist doch deine Freundin. Ich muss an andere Dinge denken!«

»Und woher bekommen wir jetzt ein Geschenk?«

»Soll ich etwa wieder was Schönes improvisieren ...«

Für einen Außenstehenden mag diese Szene komisch klingen, für die betroffenen Paare sind solche Gespräche jedoch eher die Vorstufe zum Fegefeuer.

Stellen Sie sich dieses Paar vor, wenn es im Januar zusammensitzt und sie die Urlaubsplanung für das ganze Jahr vornehmen will, während er sich noch nicht einmal festlegen will, was er am kommenden Wochenende unternehmen möchte. Spitze und schwere Gegenstände sollten da wohl nicht in der Nähe der Urlaubsprospekte liegen...

Wenn wir also glauben, dass Menschen dem Wahlspruch »Gegensätze ziehen sich an« gehorchen, dann müssen wir lernen, diese Unterschiede zu nutzen und zu schätzen.

Dating Regeln für Phase 3: Die Verhandlung

Viele Bücher zum Thema Dating Regeln hören nach dem dritten oder dem Real Date auf – als wäre Sex die Erfüllung und das Ende eines jeden Flirts. Natürlich ist es nicht immer leicht, überhaupt so weit zu kommen. Aber seien wir ehrlich: Jetzt geht es doch erst richtig los. Streng genommen ist sogar die Verhandlungsphase noch Werbung. Oder zumindest Marketing. Wenn Sie einen Partner gefunden haben, mit dem Sie gerne Zeit verbringen, den Sie sexuell anziehend finden und der offensichtlich ähnlich für Sie empfindet, werden Sie sich bemühen, den anderen näher kennen zu lernen – und ihm die Gelegenheit geben, mehr über Sie zu erfahren.

Es beginnt damit, dass nach dem ersten Sex das Verhältnis zwischen den beiden ein völlig neues ist. Eine gewisse Barriere ist gefallen. Paare, die zuvor noch qualvolle Stunden – ohne Berührung – auf dem Sofa gesessen haben, fassen sich nun gerne und unbefangen an. Scheu und Angst sind im besten Fall kaum mehr vorhanden. Waren zwei Menschen erst einmal im Bett, ändert sich der Umgang miteinander schlagartig. War man sich zuvor noch fremd, besteht nun eine Intimität, die oft nicht nur körperlich, sondern auch psychisch zu spüren ist.

Darauf reagiert jeder anders, im besten Falle mit einer gegenseitigen Verliebtheit, wenn die nicht schon vorher da war.

Eine Anmerkung zum ersten Sex: In einer perfekten Welt wäre die erste gemeinsame Nacht – egal ob mit oder ohne gemeinsames Frühstück – ein umwerfendes, lustvolles, befreiendes und befriedigendes Erlebnis, die Aufforderung zu mehr. Eine Freundin erzählte von einem SMS-Wechsel am Vormittag danach. Sie: »Ich mag dich schmecken und riechen. Können wir das wiederholen?« Er: »Am liebsten im Abo!« Vermutlich hat sie sich nach diesem Mailwechsel grandios gefühlt.

Oft läuft es aber anders: Sie ist nervös, er ist nervös. Die Spannung in den letzten Wochen war manchmal unerträglich. Fünf Verabredungen dauerte es, bis jemand den Anfang wagte. Es war auf dem Sofa, und es war verkrampft, dauerte nicht lange, wirkte unbeholfen, lief ohne Feuerwerk ab, und eine zweite Runde wollte keiner einlegen. Aber man findet sich immer noch klasse, möchte auf keinen Fall jetzt schon aufgeben. Oder sollte man etwa doch? Kann überhaupt etwas aus einer Beziehung werden, die mit einem sexuellen Fiasko begann?

Für fast alle Charaktere gilt: Stress durch hohe Erwartungshaltung killt den Spaßfaktor beim Sex gründlich. Einzig Mischformen zwischen Lustprinzip-Typ und Wissenschaftler-Typ werden durch eine solche Herausforderung so angeturnt, dass sie ihr Bestes geben wollen und können. Treffen diese Menschen dabei jedoch auf einen gehemmteren Partner (was zu erwarten ist), so wird dieser sich wahrscheinlich noch mehr unter Leistungsdruck gesetzt fühlen, als wenn er mit einem ähnlich vorsichtigen Charakter zusammen wäre.

Was hilft dagegen? Souveränität und Humor! Die Amerikaner haben einen Ausdruck für »Sex haben«, den ich sehr passend finde: »play«. »Let's play!«, also »Lass uns spielen!«, signalisiert deutlich, worum es geht: um etwas, das beiden Mitspielern Spaß bereiten soll. Und wie bei jedem Spiel müssen sich die Beteiligten erst einmal aufeinander einstellen. Wenn das nicht sofort funktioniert: lachen und üben.

Damit möchte ich auch die oben offen gelassene Frage beantworten: Wenn der erste Sex schlecht war, gleich die Beziehung zu beenden, ist Unsinn. In den Erfahrungsberichten war häufig zu lesen: »Dabei war das erste Mal ein Flop, und ich dachte, da wird nie etwas draus!« Oder: »Wir haben uns angestellt wie Anfänger, die schlechteste Performance meines Lebens. Aber wir haben nicht aufgegeben, und das war gut so.«

Weil es so schön passt, noch ein Zitat aus »Sex and the City«. In einer Folge sagte Samantha: »Wenn der Sex beim ersten Mal schlecht war, ist es sein Fehler. Wenn er beim zweiten Mal wieder schlecht war, ist es meiner.«

Einen Aspekt der Verhandlungsphase haben wir noch nicht angesprochen: das Verliebtsein. Da gibt es wohl keine zwei Meinungen: Wenn zwei Menschen aufeinander treffen und bei beiden stellt sich dieses Gefühl ein, dann ist das wohl einer der schönsten Momente im Leben. Vielleicht wunderten Sie sich, dass es in einem Buch über Dating und Beziehung bisher kaum um solche Emotionen ging. Bei Gesprächen mit Paartherapeuten wurde meine Vermutung bestätigt, dass Verliebtsein zu unterschiedlichsten Zeiten der vier Phasen (Wahl, Verführung, Verhandlung, Entscheidung) auftreten kann. Und bei nahezu allen Menschen ebbt dieses Gefühl irgendwann ab.

Wenn der Rausch der Verliebtheit zeitlich begrenzt ist, dann kann er nicht Ziel einer Annäherung zwischen zwei Menschen sein. Vielmehr muss es darum gehen, eine liebevolle und dauerhafte Bindung einzugehen. Viele Verliebte bezeichnen ihr Gefühl als den Eindruck, mit dem anderen so verschmolzen zu sein, als würde man ihn schon seit Jahren kennen. Diese Nähe kann sich zwar auch anders einstellen, Verliebtheit kürzt den Weg dorthin jedoch deutlich ab. Dirk F. aus Hamburg erzählte: »Ich brauche recht lange, bis ich mich verliebe. Das ist dann aber ein sehr intensives Gefühl, das länger anhält als eine kurze Schwärmerei, die meist sexuelle Gründe hat.« Barbara G. aus Köln schrieb: »Wenn ich nach drei oder vier Verabredungen nicht das Gefühl habe, mich verliebt zu haben, dann breche ich normalerweise ab. Das heißt nicht, dass der andere nicht ein klasse Typ wäre – aber mir fehlt dann der letzte Kick. Und ich habe nie erlebt, dass der dann später gekommen wäre. Entweder gleich oder nie.«

Tatsächlich scheinen in der Bevölkerung die Menschen zu überwiegen, die das Verliebtsein als Gradmesser auf dem Weg zu einer Beziehung sehen. Jedoch ist der Anteil derer, die sich da scheinbar nüchterner heranwagen, groß genug, dass häufig in diesem Punkt unterschiedliche Typen aufeinander prallen. Fatal wäre jetzt, zu früh aufzugeben, weil das Verliebtsein-Gefühl des einen (noch) nicht vom anderen erwidert wird. Es gibt allerdings keine Garantie, dass es sich noch einstellen wird. Die Regel jedoch, dass Sie gleich weiterziehen sollten, wenn Ihr Partner nicht bereits nach ein paar Dates völlig entflammt wäre, ist demnach Humbug.

Mit dieser Warnung erreichen wir die nächste Regel:

Regel 9: *Trennen Sie Projektionen von der Realität.*

Was meine ich mit Projektion? Bleiben wir kurz bei dem Beispiel der Verliebtheit. Wenn Sie sich schnell verlieben und Ihr Partner nicht, dann werden Sie womöglich skeptisch werden und denken »Sofort oder nie!« und die Werbephase beenden. Was Sie dann getan haben: Sie projizierten Ihr eigenes Fühlen und Denken auf eine andere Person. Sie gehen davon aus, dass Ihr Gegenüber genauso reagiert wie Sie. Erinnern Sie sich an die Lehren von Jung aus der Einführung? Menschen nehmen verschieden wahr, und Menschen reagieren unterschiedlich.

Projektion kann auch auf andere Weise entstehen. Im Zeitalter des Online Dating geschieht es sehr häufig, dass man sich aufgrund eines Fotos und einiger schöner Mails bereits ein Bild vom anderen gemacht hat. Dagegen ist niemand gefeit, denn unser Gehirn funktioniert einfach so, dass es die alten, eigenen Erfahrungen zusammensetzt, um neue, unbekannte Wahrnehmungen zu erklären und zu bewerten. Aus einem einzigen Eindruck, nämlich einem 120 mal 300 Pixel großen Bild, kann manchmal ein Traumprinz werden – inklusive dem ganzen Film, der dazugehört: Schloss, Rosenhecke, Pferd und Kinder. Sie werden das niemals ausschalten können, aber Sie können sich diese Mechanik immer wieder bewusst machen. Dann bleiben Ihnen hoffentlich einige Enttäuschungen erspart.

Für manche Menschen reicht bereits die Berufsbezeichnung für eine Projektion in Spielfilmlänge: »Wahrscheinlich bin ich von zu vielen TV-Serien verdorben, aber wenn mir mein Date erzählt, er sei Arzt, dann sehe ich automatisch ein Reihenhaus, einen Golden Retriever und das Auto mit Kindersitz«, meinte Charlotte G. aus München in einem Gespräch. »Und weil ich auf all das stehe, wirkt es wie ein Aphrodisiakum, wenn ich einen Mann im weißen Kittel sehe. Dass die Realität meist ganz anders aussieht, weiß ich.«

Projektionen sind ungefährlich, wenn Sie sie frühzeitig erkennen und reflektieren, was da bei Ihnen geschieht. Echte Killer sind sie aber, wenn daraus eine Erwartungshaltung entsteht, die der andere gar nicht erfüllen kann. Und da sind physische Dinge natürlich eher harmlos. Kniffliger kann es werden, wenn es um Verhaltensweisen geht: »Bei meinem letzten Freund stellte ich fest: Jemand, der nicht ständig kuscheln will, ist nicht unbedingt ein Mensch, der keine Nähe braucht oder will«, erzählte Jessica O. aus Dortmund. »Weil Klaus weder Händchenhalten noch intensives Kraulen auf dem Sofa mochte, ließ ich ihn meist völlig in Ruhe – bis er mich fragte, warum ich ihn meiden würde. Dabei hatte ich nur getan, was ich dachte, was er von mir wollte.«

Ein befreundeter Psychologe erzählte mir, dass er häufig in der Paartherapie den Vorwurf hören würde: »Du warst ganz anders, als wir uns kennen lernten!« In den meisten Fällen hat sich der Partner gar nicht wirklich geändert, die Projektion wich nur mittlerweile dem wirklichen Bild.

Nähe schaffen

Bleiben wir beim Thema Nähe: Die Verhandlungsphase beginnt in der Regel, wenn sich die Datenden entschieden haben, ihren Kontakt – auch sexuell – weiterzuführen. Sie kommen sich nun normalerweise Stück für Stück näher und lernen mehr voneinander kennen. Die Dauer dieser Phase kann variieren, im Schnitt ist sie zwischen vier und zehn Wochen lang. Dann ist meist der Zeitpunkt erreicht, wo zum ersten Mal das Verhältnis im ersten Beziehungsgespräch thematisiert wird. Spätestens an dieser Stelle, meist nach einem oder mehreren Rückzugsversuchen, verliert das Daten die Unschuld, und die bislang codierte Kommunikation wird konkreter und verlangt klare Absprachen oder sogar Regeln. Diese Phase nenne ich die Verhandlungsphase, weil es darum geht, sich an den anderen heranzutasten und auszuhandeln, wie weit man gehen kann und soll. Das hat Ähnlichkeit mit Versuchen von Kindern, die Grenzen der Eltern auszuloten. Diese Grenzen sind jedoch vor allem Ihre eigenen.

Sie haben sich für einen Partner entschieden, die Wahl ist zunächst vorbei. Sie hoffen, es ist Liebe oder es könnte sich zumindest Liebe entwickeln. Möglicherweise ist es nur eine starke sexuelle Anziehungskraft. Sie müssen sich dem anderen immer wieder ein Stück weit öffnen, wenn Sie ihm näher kommen wollen. Das fällt nicht leicht, denn Sie wissen ja nicht, wie er darauf reagieren wird. Ihre Gespräche werden immer häufiger Beziehungen von anderen Personen zum Thema haben, vielleicht werden Sie sogar etwas über Ihre eigenen vorherigen Beziehungen erzählen.

Wer welchen Schritt wagt, wie groß, wie weit, wie schnell, ist offen und kann auch wechseln. Klassisch war der Mann derjenige, der hier die Rolle des Herausforderers übernommen hat. Davon ist heute nicht mehr auszugehen. Frauen fühlen sich genauso wohl – oder unwohl – in dieser Rolle, und wenn sie sich nicht aufgrund irgendwelcher Regelwerke nur defensiv zeigen wollen, werden sie und er abwechselnd Initiative zeigen. Das Tempo, in dem beide aufeinander zugehen, kann variieren. Menschen, die kurz zuvor verletzt wurden, werden entweder sehr vorsichtig agieren – oder aber ganz besonders schnell, um durch die neue Beziehung die alte vergessen zu können.

Lassen Sie uns kurz über zu hohe Geschwindigkeit sprechen. Stefanie L. aus Göttingen schrieb: »Manchmal möchte ich schon nach zwei Wochen einfach alle Angst fallen lassen und sagen: ›Ich liebe dich!‹, aber natürlich würde ich ihn damit völlig verschrecken.« Und Franziska R. aus Koblenz sagte: »Egal wie lange es dauern wird: Ich werde niemals die Erste sein, die ›Ich liebe Dich‹ sagt. So viel Zeit muss einfach sein.«

In amerikanischen Büchern zum Thema Dating Regeln habe ich tatsächlich – sowohl für Frauen als auch für Männer – die Regel gefunden: Sag nie zuerst »Ich liebe dich«. Abgesehen davon, dass es höchst albern wäre, wenn sich tatsächlich alle Beteiligten daran halten würden, und dass es so niemals vorangehen könnte, scheint aber die Furcht berechtigt, Gefühle zu früh zu zeigen. Worum geht es hier? Man ist leicht versucht zu sagen: um Ehrlichkeit. Ich vermute eher, die Angst vor Ablehnung lenkt in der Verhandlungsphase die meisten Menschen. Denken Sie an die codierte Kommunikation: »Ich habe zufällig noch zwei Karten fürs Theater!« oder »Bin gerade in dem Café bei dir um die Ecke…« Weil Sie ja nicht hauptsächlich wegen des anderen die Tickets besorgt haben, wird eine Zurückweisung nicht so schmerzhaft sein, denken Sie. Aber egal wie geschickt Sie in der Codierung sind, der andere wird das dechiffrieren können. Und vielleicht wird er sogar auf eine direkte Ansprache positiver reagieren.

Stefan W. aus Hannover: »Ich habe festgestellt, dass ich es sogar ganz hinreißend finde, wenn sie direkt ist und sagt: ›Ich würde gerne ein wenig Zeit mir dir verbringen, deshalb habe ich Kinokarten besorgt.‹ Mädels, die da um den heißen Brei herumreden, haben nur Angst. Und das turnt mich ab.«

Die Psychologin Judith Stills beschreibt eine Übung, um mit Ablehnung besser klar zu kommen: Gehen Sie auf eine Party, auf der Sie wenige Menschen kennen, oder auf eine Singleveranstaltung. Nehmen Sie sich eine gewisse Zahl an Körben vor, die Sie an diesem Abend kassieren wollen, beispielsweise drei. Die Regel besagt, dass Sie die Initiative ergreifen müssen. Suchen Sie sich unterschiedliche Typen heraus.

Was Sie auf alle Fälle dabei lernen werden: Eine Ablehnung kann Sie nicht wirklich erschüttern. Sie rechnen ja damit, einen Korb zu bekommen, ehe Sie auf jemanden zugehen. Er wird Sie also nicht überraschend treffen. Wahrscheinlich wird Sie aber verblüffen, dass Sie gar nicht immer auf Ablehnung stoßen werden. Nicht einmal bei den Typen, bei denen Sie sich einer negativen Reaktion ganz sicher waren.

Jeder Schritt in der Verhandlungsphase bedeutet eine kleine Herausforderung des anderen und birgt die Möglichkeit der Ablehnung. Es gibt keine Regel, die Ihnen hier Erfolg garantieren kann, egal, was andere Ihnen versprechen. Versuchen Sie nur, nichts zu überstürzen, denn das scheint tatsächlich die meisten Menschen zu verschrecken. Denken Sie an unsere Regel 2: Haben Sie viel Geduld. Sie möchten nicht verzweifelt und bedürftig wirken.

»Mir macht es Angst, wenn zu früh von Liebe die Rede ist«, sagt Tina K. aus München. »Dabei geht es nicht darum, wer das sagt, sondern wie schnell große Gefühle thematisiert werden.« Andere Sorgen hat Ben A. aus Frankfurt formuliert: »Wer zuerst seine Distanz aufgibt und von Liebe spricht, wird später in einer Beziehung immer der Schwächere sein.«

Auch wenn wir es nicht gerne mögen: Dieses Denken ist weit verbreitet und muss deshalb berücksichtigt werden. Der Psychotherapeut Dean C. Delis beobachtete sehr lange das Rollenverhalten von Paaren vor und während einer Beziehung. Er spricht von der Verteilung zwischen einem Überlegenen und einem Unterlegenen. Wenn wir uns später über die Gründe für die Rückzugsversuche Gedanken machen, werden wir noch einmal darauf zurückkommen. Doch zunächst zurück zur Annäherung: Nicht nur die Anzahl der Treffen, sondern auch die Intensität ist entscheidend, wie und ob Sie Ihrem neuen potenziellen Partner näher kommen. Neben den Gesprächen, die letztlich unter die Kategorie Tests fallen, ist ein Offenlegen der eigenen Vergangenheit eine deutliche Herausforderung. Sie werden vielleicht über Ihren letzten Urlaub sprechen, Ihre Ausbildungszeit, Ihre Kindheit. Irgendwann erzählen Sie dann, wie Ihre vergangenen Beziehungen waren und wie Sie sich in ihnen gefühlt haben. An dieser Stelle können Sie sich der Aufmerksamkeit Ihres Gegenübers hundertprozentig gewiss sein. Jeder will etwas über den Vorgänger oder die Vorgängerin erfahren.

Dabei geben Sie manchmal bewusst, aber auch manchmal unbewusst sehr viel über sich und Ihr Verständnis einer Partnerschaft preis. Deshalb:

> ***Regel 10:*** *Seien Sie vorsichtig beim Öffnen der Ex-Files.*

Marie P. aus Landshut: »Als mir Stefan erzählte, dass er seine Ex-Freundin drei Monate heimlich mit einer Frau in München betrogen hat, dachte ich nicht im Traum daran, dass mir das mit ihm ebenso ergehen könnte. Das war ein Trugschluss. Wie ich später erfuhr, war sein Urlaub, den er allein zu seinem Geburtstag verbringen wollte, in Wirklichkeit ein Wochenende mit einer Affäre.«

Ob Marie auf eine Masche von Stefan hereingefallen ist, lässt sich nicht sagen. Tatsächlich könnte er immer argumentieren: »Ich habe dir erzählt, wie ich bin. Du wusstest, worauf du dich einlässt. Ich hatte dich gewarnt.« Es ist sehr wahrscheinlich, dass Stefan hier zumindest eine Warnung formulieren wollte: »Es gibt mich auch gar nicht nett!« Doch Maries Interpretation war vermutlich eine andere: »Er ist so ehrlich, dass er mir sogar von seinen früheren Fehlern erzählt.«

Es ist vom Persönlichkeitsmodell abhängig, wie der andere auf die Ex-Files reagieren wird. Der Lustprinzip-Typ wird meist ehrlich neugierig sein und den Vorgänger sogar kennen lernen wollen, falls das Verhältnis noch freundschaftlich ist. Der Wissenschaftler möchte das ebenfalls, aber er will daraus Informationen sammeln und wird aufgrund dieser versuchen, sein Bild von Ihnen zu vervollständigen. Der Pflichtbewusste wird Ihren Erzählungen über den Ex folgen, aber eigentlich will er seine Erfahrungen mit Ihnen selbst machen. Den Schöngeist interessiert Ihre Vergangenheit wahrscheinlich weniger.

Bedenken Sie also genau, wem Sie welche Informationen geben und wie sie aufbereitet sein müssen, damit sie nicht falsch verstanden werden! Das soll nicht dazu führen, nun aus

Furcht vor Kommunikationsschwierigkeiten die Ex-Files geschlossen zu halten, denn das Schöne an den Ex-Files ist: Jeder hat welche. Und alle haben ihre Spuren hinterlassen, manche sogar Narben.

Daniel M. aus Wetzlar schrieb: »Jeder hat seine Päckchen zu tragen. Aber wenn ich merke, dass sie es so gar nicht schafft, ihre ehemaligen Beziehungen zu verarbeiten, dann beende ich die Beziehung sehr schnell. Solche Menschen sollten erst wieder mit sich selbst ins Reine kommen, bevor sie auf andere losgelassen werden dürfen.«

Wahrscheinlich haben Sie bereits Erfahrungen mit anderen Menschen gemacht. Das ist auch gut so. Womöglich wurden Sie von einem früheren Partner verletzt. Das gehört leider dazu. Wie kleine Pakete tragen Sie und auch Ihr neuer Partner Ihre Erfahrungen mit sich herum. Manche benötigen dafür eine Handtasche, andere einen Rucksack und einige einen Möbelwagen.

Wer seine Pakete nur per Sattelschlepper transportieren kann, wird tatsächlich einen Umzug planen. Das bedeutet: Er wird eine Menge seiner Erfahrungen unbearbeitet mit in die neue Beziehung einbringen und dort lagern. Vorsichtig formuliert ist das eine unglückliche Situation: Auch eine Wohnung wird erst einmal renoviert, bevor ein neuer Mieter einzieht. Wenn Sie das Gefühl haben, Ihr Partner wird von den Päckchen des Lebens erdrückt: Halten Sie besser ein wenig Abstand. Umgekehrt gilt: Bevor Sie sich auf einen neuen Menschen einlassen, sollten Sie die alten Beziehungen verarbeitet haben – wenigstens so gut es geht.

Annäherungen in der Verhandlungsphase werden häufig und gerne von kleinen Aufmerksamkeiten begleitet: eine SMS, Blumen, eine Einladung, eine CD mit dem Lieblingssong... Alle diese Nettigkeiten sollen sagen: »Ich habe Interesse an dir, ich denke an dich.«

Im Umkehrschluss müsste sich dadurch für einen Zweifelnden ablesen lassen, ob der andere wirklich Gefühle zeigt. Wer jetzt sagt: »Na, dann sollen sie einfach darüber sprechen!«, verkennt die Situation. Niemand mag diese Ungewissheit während der Verhandlungsphase, aber für ein offenes Gespräch ist es meist noch zu früh, es könnte der Entwicklung der Beziehung schaden, denn es würde den Druck und das Tempo erhöhen.

In Amerika gibt es eine Regel, nach der die Frau die Annäherung als gescheitert abbrechen soll, wenn der Mann nicht nach dem dritten Date ein noch so kleines Geschenk gemacht hat. Im Fragebogen haben übrigens erstaunlich viele Frauen (und einige Männer) diese Vorgehensweise als sinnvoll bewertet. Susanne R. aus Hannover: »Stimme ich völlig zu. Und wenn es nur eine einzige Rose eines Straßenverkäufers ist.« In abgeschwächter Form formulierten Ellen Fein und Sherrie Schneider das so: »Brechen Sie das Dating mit einem Mann ab, wenn Sie von ihm zum Geburtstag oder zum Valentinstag nicht ein romantisches Geschenk erhalten.«

Stellen Sie sich vor, Sie haben Anfang Februar Geburtstag, am 14. Februar ist Valentinstag, und Sie lernen den Kerl am 3. März kennen. Gottlob, diese Regel lässt sich modifizieren. Eine Anmerkung für die Jungs, die das vielleicht nicht wissen: Am Valentinstag sollten Sie nur *ein* Geschenk vergeben. Aus eigener Erfahrung kann ich Ihnen sagen: Diese Welt ist klein, vertrauen Sie nicht darauf, dass die Beschenkten nicht voneinander erfahren würden.

Aber nicht nur deswegen gilt:

> ***Regel 11:** Seien Sie vorsichtig beim Umgang mit Liebestests.*

Wir können solche Tests leicht in eine Reihenfolge bringen: von heimlich und harmlos bis zu echten Belastungsproben. In der Studie »Secret Tests: Social Strategies for Acquiring Information about the State of the Relationship« haben Leslie Baxter und William Wilmot die Techniken untersucht, mit denen in der Verhandlungsphase die Partner ihre Ungewissheit besiegen wollen. Da gibt es zunächst die direkten Fragen: »Magst du mich?« oder »Wie denkst du von mir?«. Das Positive an dieser Methode: Sie sparen sich alle anderen Tests. Das Negative: Es braucht dazu gewaltigen Mut, kann drängelnd wirken und setzt den Getesteten und schließlich alle beide unter Druck.

Viele Menschen greifen deshalb auf Informationen aus zweiter Hand zurück und befragen den besten Freund, den Mitbewohner, den Arbeitskollegen. Ich rate von dieser Methode nicht grundsätzlich ab, würde Sie aber bitten zu bedenken, dass Sie zum einen nur gefilterte Infos erhalten und dann welche, die nicht an Sie gesendet worden sind. Erinnern Sie sich an das Sender-Empfänger-Modell zu Beginn? Danach hat der Befragte über 90 Prozent eigene Interpretation der eigentlich gesendeten Information beigemischt. Wenn der Befragte das nun an Sie weitergibt, kann am Ende womöglich nicht mehr viel vom ursprünglich Gesendeten bei Ihnen ankommen.

In der nächsten Stufe können Sie prüfen, wie der andere auf Nähe reagiert, zum Beispiel auf eine Umarmung oder einen anderen körperlichen Kontakt. Dabei achten Sie auf seine Reaktion: Erwidert er die Geste, übergeht er sie oder weist er sie sogar zurück? Bevor Sie mit der Interpretation beginnen, sollten Sie unbedingt die Umstände berücksichtigen: Auf einer Party, auf der auch die eben erst verlassenen Ex-Freundin ist, wird er sich vielleicht nur aus Rücksicht zurückhalten.

Einige weiterere Tests: Erzählen Sie etwas Privates von sich und warten Sie ab, ob der andere etwas Ähnliches tut. Sehr frech und leicht verschreckend kann es wirken, wenn Sie ihn in einer Runde von Bekannten oder Arbeitskollegen als Ihren Freund vorstellen. Dieser Schuss kann leicht nach hinten losgehen und ist wie eine Einleitung zu einem »Wir müssen mal reden!« nach der Party.

Häufig wenden Menschen in dieser Phase Tests an, die darauf zielen, mehr über die Sichtweise des potenziellen Partners, die Person des Testers oder die gemeinsame Beziehung betreffend zu erfahren. Zum Beispiel können Sie sich bewusst in einem schlechten Licht darstellen und hoffen, dass der andere Ihnen widerspricht und im Gegenteil Ihre Vorzüge lobt. Verbreitet ist das scheinbar unauffällige Ausmalen der gemeinsamen Zukunft. Durch eine scherzhafte Bemerkung beispielsweise über einen gemeinsamen Urlaub oder über das Zusammenziehen. Wie bei allen solchen Herausforderungen ist das Risiko hoch, den Bogen zu überspannen. Ilka M. aus Stuttgart schrieb: »Es war ein Sonntagmorgen nach 8 Wochen Dating: Wir hatten gerade im Bett gefrühstückt. Ich erzählte von dem Labrador-Welpen meiner Nachbarin und sagte, ich hätte davon geträumt, wir würden uns im Tierheim einen Hund ansehen. Er reagierte mit Panik, als hätte ich ihm einen Alimente-Vertrag unterjubeln wollen. Dabei wusste er eigentlich, dass ich auf Tierhaare allergisch reagiere und diese Idee nie ernsthaft verfolgen würde.«

Ein Eishersteller warb vor einiger Zeit mit dem Slogan: »Man muss Prioritäten setzen!« Um herauszufinden, an welcher Stelle sie in der Werteskala des anderen stehen, probieren manche Menschen aus, ob ihr Wunschpartner ihretwillen etwas aufzugeben bereit wäre, ob er beispielsweise einen Termin verschieben, einen Abend mit den Kumpels ausfallen lassen, das Fußballspiel zugunsten eines Date verpassen würde.

Einige gehen sogar so weit, dass sie sich absichtlich daneben benehmen oder sich von ihrer wirklich hässlichsten Seite zeigen und abwarten, ob sie sich dennoch der Zuneigung ihrer Begleitung sicher sein dürfen. Dahinter steckt die Überlegung, dass wirklich Liebe im Spiel sein muss, wenn der andere so ein Verhalten akzeptiert.

Noch härtere Liebestests sollen die Eifersucht anstacheln: Sie schwärmen von einem Rivalen oder treffen sich sogar mit ihm. Wenn Ihnen das nicht reicht: Lassen Sie eine Freundin auf Ihren Favoriten los und beobachten Sie, wie er es wohl mit der Treue hält.

Während der Verhandlungsphase finden bewusst oder unbewusst solche Tests statt. Die Partner trauen sich nicht, ein offenes Gespräch über die entsprechenden Themen zu führen. Ähnlich wie bei der codierten Kommunikation in der Werbephase ist man sich noch nicht nahe genug gekommen, um sich dem anderen zu öffnen. Die Angst, sich eine Blöße zu geben, überwiegt. Baxter und Wilmot berichten in ihrer Studie über interessante Erfolge ihrer Probanden beim Einsatz solcher Liebestests. Es mag sein, dass einige davon tatsächlich funktionieren, dennoch rate ich davon ab, sie absichtlich einzusetzen – ganz vermeiden lassen sie sich vielleicht nie. Denken Sie an die verschiedenen Persönlichkeitsmodelle: Ihre Interpretation der Reaktion des Gegenüber ist in der Regel eine Projektion Ihres eigenen Verhaltens. Sie erhoffen sich vom anderen eine bestimmte Handlungsweise – weil Sie selbst in dieser Situation so agieren würden. Vielleicht empfindet aber Ihr Partner aus Gründen früherer Erfahrungen Eifersucht als etwas Grässliches und lässt sich nichts anmerken, wenn Sie mit jemandem ein wenig flirten. Das Resultat wird sein, dass Sie sich ungeliebt fühlen – dabei haben Sie es nur mit einem Menschen zu tun, der Ihnen nicht das Gefühl geben will, er würde Besitzansprüche stellen.

Rückzug

Die Verhandlungsphase ist nun im vollen Gange. Sie haben sich besser kennen gelernt, gemeinsame Zeit verbracht und sind sich nicht nur körperlich nahe gekommen. Vielleicht fühlen Sie sich euphorisch, vielleicht sind Sie verliebt. Wenn alles bisher gut lief, wünschen Sie sich, dass es von nun an nur noch besser und intensiver wird.

In den meisten Fällen führt diese Nähe jedoch dazu, dass sich einer der beiden besinnt, dass es auch ein Leben vor dem oder der Neuen gab, und zieht sich zurück, um sich mit sich selbst zu beschäftigen, um sich zu ordnen – oder sogar um eine Entscheidung zu treffen. Häufig wechseln sich die beiden darin sogar ab. Diese Phase ist übrigens nicht nur normal, sie ist auch die heikelste und birgt das höchste Fehlerpotenzial.

Fast alle Teilnehmer meiner Fragebogenaktion bezeichneten das Rückzugsszenario als extrem problematisch. Sogar diejenigen, die Dating Regeln prinzipiell ablehnten, konnten sich in dieser Situation wiederfinden und gaben an, sie hätten für diese Phase gerne Hilfestellungen.

Gehen wir zunächst davon aus, nicht Sie, sondern Ihr Partner beginnt mit dem Rückzug. Das fängt manchmal schleichend an, meistens werden Sie es wie einen Bruch erleben. Ein Beispiel beschrieb Miriam L. aus Frankfurt: »Er verschwand am Sonntagmittag ohne einen Hinweis darauf, wann wir uns das nächste Mal sehen würden. Normalerweise kündigten wir bei der Verabschiedung an, wie es weitergehen würde. ›Ich rufe am Abend an!‹ oder ›Lass uns Montag vielleicht ins Kino gehen‹. Aber diesmal kein Kommentar und kein Hinweis. Für mich wirkte es, als würde er gar nicht mehr zurückkommen wollen. Obwohl ich den Umschwung registrierte, tat ich so, als hätte ich nichts bemerkt. Am Abend rief ich dann an und wartete nicht ab, bis er sich meldete.«

Für den zurückgelassenen Partner kann ein Rückzug schlimmer als ein klar besprochenes und begründetes Ende sein. Er weiß in der Regel nämlich nicht, was los ist. In dieser Phase wird oft ein klassisches Gespräch wie das folgende geführt:

»Hast du irgendetwas?«

»Nein. Alles in Ordnung.«

»Bist du sauer auf mich?«

»Warum sollte ich denn sauer sein?«

»Das weiß ich nicht. Aber du verhältst dich einfach anders und distanzierter.«

»Ich bin im Moment einfach sehr angespannt und habe viel zu tun. Mach dir keine Gedanken!«

Dies ist die Zeit, wo die liegen gebliebene Steuererklärung plötzlich drängt, der Job jeden Abend vollen Einsatz fordert oder man einfach »mal wieder einen Tag allein auf dem Sofa« braucht. Und wo der Angesprochene nicht weiß, ob er diese Gründe glauben darf oder nicht.

Woran erkennen Sie den Rückzug? Es gibt zahlreiche Hinweise: SMS oder sonstige Nachrichten werden nur noch nach langen Pausen beantwortet, auch (oder vor allem) die wichtigen. Bereits eingefahrene Rituale wie gemeinsame Sportverabredungen werden abgesagt. Sie sprechen seltener über Zukünftiges. Der Partner unternimmt zunehmend Dinge alleine, ohne Sie einzuladen.

Sie sind beunruhigt, werden nervös. Aber Sie können nicht wirklich etwas dagegen unternehmen, denn Sie haben dazu gar kein Recht und dürfen keine Ansprüche stellen. Dafür ist es in dieser Phase zu früh: Noch gab es keine Entscheidung und kein Commitment. Es ist nur ein Rückzug – der möglicherweise eine Entscheidung herausfordert.

Rückzug bedeutet noch nicht Stillstand, doch er kann eine Vorstufe sein, vor allem, wenn Sie sich jetzt falsch verhalten. Lassen Sie uns ansehen, was bei einem solchen Rückzug tatsächlich passiert: In der Phase zuvor sind Sie sich näher gekommen, plötzlich wird das Tempo gedrosselt. Es geht nun darum, die eigenen Ängste vor einer Bindung zu bewältigen.

Wenn Sie häufig nach drei oder vier Monaten auch intensiven Datings wieder alleine dastehen, scheitern Sie wahrscheinlich jeweils in der Rückzugsphase. Prinzipiell gibt es hier zwei Varianten: Ihr Partner verliert gewöhnlich das Interesse, oder das Ende geht von Ihnen aus. Im ersten Fall könnte es sein, dass Sie etwas tun, was die Ängste des anderen entfacht oder schürt. Im zweiten Fall überreagieren vielleicht Sie auf Signale des anderen, weil diese in Ihnen Panik auslösen. Es heißt: »Angst ist ein schlechter Ratgeber!« Wenn wir also davon ausgehen, dass derjenige, der den Rückzug einläutet, dies aus Furcht tut und der Zurückgelassene nun in Panik verfällt, dann haben wir kaum noch Potenzial für den Fortgang dieser Beziehung.

Miriam erzählte weiter: »Wenn ich ihn anrief, war er nett und höflich, aber er hatte meist keine Zeit und musste rasch auflegen. Die Gespräche blieben unverbindlich. Ich war besorgt, etwas Falsches gesagt oder getan zu haben. Kurz vor seinem Rückzug waren wir auf einer Party einer Freundin gewesen, und ich hatte ihn meinem Bekanntenkreis vorgestellt. Ich vermutete, dass sich dort jemand ihm gegenüber schlecht benommen hatte, und versuchte, das wieder gutzumachen. Ich bombardierte ihn mit Einladungen und schickte liebevolle SMS. Aber je mehr ich auf ihn zuging, umso weiter wich er zurück.«

Die Geschichte von Miriam ist typisch: Ein Partner erlebt – möglicherweise auf der Party – eine Situation, die ihm vor Augen hält, in welche Richtung er sich gerade bewegt. Er bremst ab, denn bei Beibehaltung des bisherigen Tempos wäre drei Wochen später die Eheschließung angesagt. Er benötigt etwas Zeit für sich. Und die sollten Sie ihm unbedingt lassen:

Regel 12: *Gewähren Sie Rückzugsmöglichkeiten!*

Erinnern Sie sich an Regel 2? »Haben Sie viel Geduld. Sie möchten nicht verzweifelt und bedürftig wirken.« Fast immer gilt in der Rückzugssituation: Wer drängelt, hat verloren. Denn damit werden Sie den anderen garantiert nur in seinen Ängsten bestätigen.

So hart es klingt: Es gibt nichts, was Sie jetzt ändern können! Ihr Partner hat Sie gewählt, hat sich mit Ihnen auseinandergesetzt – jetzt muss er das mit sich tun. Diese Phase hat nichts mit Ihnen zu tun! Ich hatte vorhin erwähnt, dass Rückzug auch die Vorstufe zum Stillstand sein kann. Dies ist tatsächlich so. Häufig tritt dies ein, wenn die Beziehung eine andere Richtung nimmt als zu Beginn geplant oder abgesprochen. Beispielsweise wenn sexuelle Anziehung der vorrangige Grund für das Dating war und sich nun nach einigen Wochen bei einem Partner darüber hinaus gehende Gefühle entwickelt haben. In einer solchen Situation kommt es häufig vor, dass der nicht emotional engagierte Partner den Status Quo durch einen Stillstand festhalten will und weitere Annäherungen ablehnt.

So schmerzhaft das für den verliebten Partner auch ist: Er wird den anderen nicht überreden, überzeugen oder sonst wie »zur Vernunft« bringen. Wenn die Dating-Phase nicht aus dem Interesse an einer festen Bindung begonnen wurde, wird die Rückzugsphase das Ende der Beziehung einläuten.

»Ich wusste genau, dass er etwas für mich empfindet. Er traute sich nur nicht, seine Gefühle zuzulassen«, schrieb Francesca D. aus Berlin. Solche Aussagen werden häufig getroffen und sind meist der Beginn eines langen und aussichtslosen Kampfes. Womöglich gelingt es dem verliebten Partner sogar, die eigenen Bedürfnisse zurückzusetzen und dem anderen glaubhaft die Angst vor Nähe zu nehmen – jedoch nur für kurze Zeit. Dann beginnt die Rückzugsphase wieder von neuem. Und mit jeder Wiederholung verliert die Beziehung an Unschuld und Leichtigkeit.

Es gibt viele Menschen, die in dieser Phase nicht loslassen können und noch einmal die Chance erhalten möchten, ihre allerbeste Seite zu zeigen. Solche Anstrengungen sind unnötig, denn die Werbephase ist längst vorüber. Bemühen Sie sich nicht mehr und quälen Sie sich nicht mehr! Wenn es eine Dating Regel gibt, die ich aus der Sammlung von Fein und Schneider empfehlenswert finde, dann ist es folgende: »Next!«

»Am Ende wollte ich nur noch wissen, warum sie uns keine Chance gegeben hat«, erzählte Daniel W. aus Köln. »War ich zu klein, zu hässlich oder schlecht im Bett? Ich schrieb ihr kilometerlange Briefe, aber sie hat – wenn überhaupt – nur ausweichend geantwortet.« Ob eine Erklärung Daniel wirklich weitergeholfen hätte? Welchen Unterschied hätte es gemacht?

Nicht immer ist der Rückzug eines Partners die Folge der vorangegangenen Annäherung. Jedoch ist er es meistens. Lassen Sie uns zwei andere Gründe ansehen: Natürlich kann es sein, dass dem Rückzug ein Problem vorangegangen ist. Beispielsweise kann ein Streit, ausgelöst durch ein echtes Fehlverhalten eines Partners, eine angehende Beziehung auf eine harte Probe stellen. Jedoch ist dies nicht die hier beschriebene Situation, und es muss je nach Härtegrad des Problems entschieden werden, wie es weitergeht.

Auch nicht zu verwechseln ist der Rückzug mit dem Fall, dass das Verhalten des Partners mit Unehrlichkeit zu tun hat. Annette M. aus Berlin schrieb: »Wenn ich das Gefühl habe, etwas stimmt nicht – dann stimmt auch etwas nicht! Damit meine ich nicht grundlose Eifersucht, sondern kleine Signale, die mir andeuten, dass die Interessen unterschiedlich sind.«

Oftmals hat ein Rückzug etwas zu tun mit der prinzipiell fehlenden Bereitschaft, sich zu binden. Wenn Sie feststellen, dass Sie regelmäßig nach zwei Monaten das Gefühl haben, Ihr Date ist nicht als Partner einer langfristigen Beziehung geeignet, könnte es gut sein, dass Sie und nicht der andere nicht »passen«.

Menschen, die unter Depressionen leiden, neigen nach Erkenntnissen von Frederic Flach dazu, sich in ihrem Leben immer wieder Fallen zu bauen: Sie begeben sich beinahe absichtlich in unglückliche Beziehungen, um dann zuzusehen, wie die Wände des selbst gebauten Gefängnisses immer näher rücken.

Andere wiederum haben vor Beziehungsfallen eine derart große Furcht, dass sie erst gar nicht zulassen, in so ein Gefängnis zu geraten. Sie sehen es sich während der Dating-Phase zunächst mit Interesse an – und wenn sie feststellen, dass es nicht nur Türen, sondern auch Wände gibt, geraten sie in Panik. Solche Menschen verlieren das Interesse an anderen regelmäßig nach einer oft sehr intensiven Verführungsphase.

Dieses Syndrom beschreibt Eric M. aus Karlsruhe sehr typisch: »Ich merke nach einigen Monaten meist, dass ich eigentlich gar keine Zeit für eine Beziehung habe. Da ist der Sport, meine Freunde, die Karriere. Wahrscheinlich will ich doch Single sein!« Eric ist ein typischer Rückzugskandidat.

Ebenso wie Bianca L. aus München: »Irgendwann fiel mir auf, dass ich gegenüber meinen Freundinnen von meinem neuen Liebhaber immer in Verbindung mit einem ›Aber‹ erzählt habe. Ich sagte: ›Er ist ein klasse Typ, aber er lässt überall seine Sachen herumliegen.‹ Oder: ›Er ist im Bett großartig, aber eigentlich stehe ich nicht auf behaarte Typen.‹

Das »Aber« wie auch die Zeitfrage sind nichts weiter als Fluchtszenarien aus der Falle. Zunächst sollten Sie sich keine Sorgen machen, wenn Sie auch einmal solche Gedanken haben. Wenn jedes Ihrer Verhältnisse unvermeidlich auf diese Situation zusteuert, allerdings schon.

Auch wenn Sie es in den meisten Fällen sind, der den Rückzug einleitet: Es heißt nicht, dass es Ihnen nicht anders ebenso passieren kann. Das Fatale: Menschen, die so reagieren, werden häufig im umgekehrten Fall zu wahren Kletten und lassen nicht los. Und das, obwohl sie einen Teil der Befürchtungen des anderen sogar aus eigener Erfahrung kennen.

Häufig wird dieses Verhalten den Männern zugesprochen. Scott Wetzlar hat in seinem Buch »Warum Männer mauern« zahlreiche Beispiele von so genannten passiv-aggressiven Männern aufgezeigt, die auf jeden Schritt, den die Partnerin auf sie zugeht, einen Schritt zur Seite machen. Solche Männer empfinden Nähe als Bedrohung und Verpflichtungen als Gefängnis. Viele weibliche Teilnehmer meiner Fragebogenaktion fanden auch ihr eigenes Verhalten in dem so beschriebenen wieder. Es gibt also auch passiv-aggressive Frauen.

Überhaupt kann man wohl davon ausgehen, dass sich jeder Mensch mal in der Rolle des Verweigerers und mal in der Rolle des Herausforderers wiederfinden wird. Ein Therapeut erzählte, er kenne aus seiner Praxis Paare, die die Rückzugsphase regelmäßig mit wechselnden Rollen durchleben. Dieser Vorgang ist eigentlich gesund, weil er ausgeglichen ist, aber entsetzlich anstrengend, weil er immer wieder mit Zweifeln und Angst durchsetzt ist.

Auch wenn Sie akzeptiert haben, dass Rückzug eine ganz normale Phase beim Dating ist, sollten Sie beachten:

> ***Regel 13:*** *Bemühen Sie sich um ein Gleichgewicht: Es sollte nie dauerhaft Überlegene und Unterlegene geben.*

Spielen Sie keine Spielchen. Wenn Sie Anzeichen des Rückzugs entdecken, bewahren Sie zunächst Geduld. Seien Sie wie immer, nehmen Sie sich etwas zurück und geben Sie dem Partner mehr Zeit für sich. Aber hören Sie jetzt nicht auf, immer mal wieder anzurufen oder Einladungen ins Kino auszusprechen. Es ist nicht so, dass Sie Schwäche zeigen, weil Sie weiterhin Ihr Interesse bezeugen. Das würden Sie nur, wenn Sie jetzt an sich zweifeln und alle Munition verschießen, die Sie haben. Sie zeigen nämlich nicht etwa Stärke, wenn Sie nun auf unnahbar machen. Im Gegenteil: Beim anderen könnte sich das Gefühl breit machen, dass die Beziehung auch aus Ihrer Sicht keinen Sinn macht.

Wichtig ist, dass Sie jetzt wieder Unabhängigkeit und Selbstsicherheit beweisen. Sollte die Distanz dazu führen, dass Sie sich beide weiter voneinander entfernen – dann werden Sie das akzeptieren müssen. Durch Drängen, Panikreaktionen, Betteln und Flehen scheitern Sie auf jeden Fall. Sie haben also nichts zu verlieren, wenn Sie wieder einige Dinge mit Freunden unternehmen und die Zeit ebenfalls für sich nutzen. Halten Sie sich zurück! Fahren Sie übers Wochenende alleine weg, schalten Sie mal wieder den Anrufbeantworter ein, schaffen Sie ein wenig mehr Distanz. Das wird Ihnen gut tun.

Ein Klassiker in einer solchen Situation ist, vor allem, wenn das Rückzugskarussell bereits mehrfach gedreht wurde, dass den beiden von Freunden empfohlen wird: »Nehmt euch doch mehr Zeit füreinander!« Dies ist Wasser auf den Mühlen des Unterlegenen, der sich ja wieder nach mehr Nähe sehnt – aber Gift für den Überlegenen, der sich bemüht, durch etwas Distanz Zeit für sich zu finden. Vielleicht bemüht er sich sogar, trotz seiner Zweifel und Ängste, dem potenziellen Partner wieder mehr Aufmerksamkeit zu schenken, doch bereits nach kurzer Zeit wird er das Gefühl haben, seine Bedürfnisse würden zu kurz kommen.

Diese Situation kann später in einer Beziehung oder Ehe immer wieder eintreten. Sie werden immer wieder – auch nach einem Commitment – erleben, dass Sie im Rückzugskarussell sitzen. Und im besten Fall ist abwechselnd jeder mal Herausforderer und mal Rückzieher, mal Überlegener und mal Unterlegener.

Beziehungsgespräche

Es fängt harmlos an, oft unerwartet: »Wohin führt das eigentlich, was wir machen?« ist ein beliebter Einstiegssatz. Oder: »Was siehst du eigentlich in mir?« Je nachdem, wie sehr einem der Partner das Thema unter den Nägeln brennt, kann es auch direkter zur Sache gehen: »Kannst du dir vorstellen, mit mir eine Beziehung zu führen?« Und dann wird zum ersten Mal ausgesprochen, was in der Regel seit einigen Wochen in beiden Köpfen herumwirbelte: Schaffen wir den Sprung vom Dating zur Beziehung?

Manchmal wird dieses Gespräch bereits von der ersten Rückzugsphase eingeleitet, denn die überraschende Abkehr eines Partners erfordert eine Klärung. Wie ein solcher Dialog abläuft, hat wieder mit Persönlichkeitsmodellen zu tun. Judith K. aus Landshut beschreibt: »Wenn er auf meine Frage: ›Was hast du?‹ mit diesem doofen ›Nichts!‹ antwortet, weiß ich genau, dass er gerade in der Panikphase steckt. Ich bohre dann nicht nach, sondern sage ihm, dass ich denke, er hätte Angst, und dass wir darüber reden sollten.« Die Erfahrungen von Judith mit dieser Technik waren offenbar sehr gut. Ihre jeweiligen Partner schienen sich über eine Partnerin zu freuen, die auf einer sachlichen Ebene über Gefühle sprechen kann. Andere Männer könnten das jedoch als Bevormundung verstehen, denn sie werden in gewisser Weise analysiert.

Das Beziehungsgespräch muss irgendwann geführt werden, das kann keiner verhindern. Auch wenn Sie noch so offen und ehrlich miteinander umgehen: Es wird der Punkt kommen, an dem Sie Klarheit brauchen. Interessanterweise sogar dann, wenn Sie selbst noch nicht wissen, wie und ob Sie weitermachen möchten. Es interessiert Sie zumindest der Standpunkt des anderen, egal, ob Sie selbst eine gemeinsame Zukunft sehen oder nicht.

Nicht immer, aber sehr häufig werden im ersten Beziehungsgespräch zum ersten Mal die eigenen Gefühle dem anderen gegenüber offenbart. Obwohl Sie sich wahrscheinlich bereits ein Weilchen kennen, haben Sie überwiegend codiert kommuniziert und sich unverfängliche Hintertüren gelassen, um nicht das Gesicht zu verlieren. Es gibt natürlich Indizien – Liebestests und sexuelle Intimität sind für viele Menschen Gradmesser der Zuneigung. Doch die Gewissheit fehlt. Sie wollen eine Aussage: konkret, verbindlich, ungeschönt.

Natürlich wissen Sie nicht, ob Ihr Partner in diesem Moment die Wahrheit spricht. Barbara P. aus München schrieb: »Ich sagte ihm also, dass ich mich in ihn verliebt hätte. Er nahm mich in den Arm und meinte, das sei prima, ihm würde es ganz genauso gehen. Drei Tage später bekam ich einen Brief, in dem er mir mitteilte, er könne sich doch keine Beziehung mit mir vorstellen. Das hat mir fast das Herz gebrochen.« Barbaras Partner hatte vermutlich zu viel Angst, um ihr die Wahrheit ins Gesicht zu sagen. Vermutlich nicht aus böser Absicht, sondern weil er ihr nicht wehtun wollte – und letztlich Angst hatte vor der Konfrontation. Diese Angst ist weit verbreitet. Häufig zögern Menschen das Beziehungsgespräch deshalb hinaus: Sie schaffen es nicht, die Wahrheit zu sagen. Dagegen gibt es leider kein Rezept. Sie sollten nicht zu misstrauisch werden – aber Sie sollten sich bewusst sein, dass gerade ein in die (scheinbare) Ecke gedrängter Partner unschöne Fluchtwege nutzen könnte. Lassen Sie mich im Folgenden davon ausgehen, dass Ihr Partner Ihnen die Wahrheit sagt oder Sie eine Lüge spüren würden, um meine Ausführungen nicht unnötig kompliziert zu machen.

Ein Beziehungsgespräch legt fest, wie es weitergeht, und nimmt dem bis dahin eventuell harmlosen Flirt die Unschuld. Auf einen Schlag ist eine Verbindlichkeit in Ihre Beziehung getreten, die vorher zumindest nicht ausgesprochen war. Natürlich würde sich niemand tatsächlich in dieser Phase ohne eine Erklärung einfach nicht mehr melden und den anderen sitzen lassen – aber es wäre möglich. Denn Ansprüche bestehen (noch) keine. Mit dem Beziehungsgespräch wird die Entscheidungsphase eingeläutet. Das ist auch ein Grund, warum viele Menschen diese Situation quälend lange hinauszögern.

Regel 14: *Warten Sie mit dem ersten Beziehungsgespräch den richtigen Moment ab.*

Nico L. aus Frankfurt schrieb: »Ich fürchte, ich bin häufig zu *pushy:* Ich zwinge den Partner zu früh zu einer Entscheidung. Ich werde sofort nervös, wenn der andere beginnt, über uns nachzudenken. Das spüre ich auch sofort. Und in dem Moment bereits schlage ich dann zu und frage, was denn jetzt aus uns werden würde. Würde ich abwarten, hätte ich wahrscheinlich bessere Chancen.«

Tatsächlich können Sie das erste Gespräch über Ihre Beziehung zu früh führen, denn für viele Menschen birgt dieses Thema erhebliches Panikpotenzial. Sie entscheiden sich lieber gegen einen Partner oder eine Beziehung, als sich zu diesem Zeitpunkt bereits festzulegen. Und das, obwohl vielleicht die Basis für mehr als eine Affäre gegeben wäre. Frank L. aus Koblenz schrieb: »Wenn sie schon nach dem dritten Date von Verliebtsein spricht, dann muss ich leider flüchten... Das geht mir einfach zu schnell. Erst einmal auf sich zukommen lassen und ein wenig erleben, was da passiert. Dann kann man das reflektieren und die nächsten Schritte vereinbaren. Ich will doch nicht gleich nach sechs Wochen heiraten.«

Was Frank da formuliert, beschreibt ein häufiges Problem:

Viele Menschen denken beim Daten bereits ans Ziel. Damit machen Sie sich das Leben schwerer als nötig. Wie Sie auch beim ersten Date nur daran denken sollten, dass es vielleicht ein zweites geben wird, sollten Sie nach wenigen Wochen oder Monaten nicht bereits in Ihren Gedanken das Aufgebot bestellt haben. Wenn Sie mögen: Träumen Sie davon, aber nur kurz und auf keinen Fall als Zielvorgabe! Oder daten Sie etwa nur, um jemanden »abzukriegen«? Nein, Sie daten, weil Sie eine Person spannend und interessant finden und mit genau dieser Person Zeit verbringen möchten. Was daraus wird, entscheiden Sie gemeinsam in der nächsten Phase. Und nicht vorher. Sie erschlagen Ihren Partner sonst mit Ihren Wünschen und Projektionen – er wird dann abblocken oder sogar flüchten. Steven Carter formulierte das in seinem Buch »Lauf nicht vor der Liebe weg!« so: »Liebe ist ein Prozess, keine Lösung.«

Bevor wir dazu kommen, wie solche Beziehungsgespräche ablaufen, vorab eine allgemeine Empfehlung aus meiner Arbeit als Kommunikationstrainer: Diskutieren Sie Ihre Beziehung nicht zu Tode! »Er rief mich jeden Tag dreimal an«, erzählte Martina G. aus Hannover. »Egal wie lange wir gesprochen hatten, er wollte es nochmal genauer wissen. Er hat mich mit SMS und E-Mails bombardiert, mich tags im Büro und nachts im Bett angerufen. Seine Verzweiflung war rührend – aber auch grässlich abschreckend.«

Vielleicht gelingt es Ihnen im Geschäftsleben, jemanden zu überreden. Aber bei Gefühlsdingen haben Sie mit dieser Taktik keinen Erfolg. Hier gilt: Eher jagen Sie den anderen in die Flucht, wenn Sie immer wieder Argumente für eine feste Bindung anbringen. Vor allem bei einem Rückzugsversuch von seiner Seite. Sie bestätigen damit alle Vorurteile und Ängste.

Das gilt ebenso, wenn Sie derjenige sind, der den Rückzug eingeleitet hat. Stehen Sie dazu und lassen Sie sich nicht am gleichen Tag noch zu Kaffee, Sport und Abendessen einladen.

Das erste Beziehungsgespräch wird vermutlich nicht das einzige bleiben. Die Ausgangsbasis ist hier sehr entscheidend: Treffen zwei Menschen aufeinander, die beide daran interessiert sind, ihre Beziehung zu vertiefen, weil sie sich im gleichen Maße zueinander hingezogen fühlen, dann wird das Gespräch vertrauensvoll und einfach verlaufen. Wahrscheinlich springen die beiden währenddessen schon in die Entscheidungsphase. Andere Paare aber fahren noch ein wenig Achterbahn, bevor es endlich weitergehen kann.

Es ist nicht tragisch, wenn Sie mehrere Anläufe benötigen, um ein Beziehungsgespräch zu führen, das Sie in die Entscheidungsphase trägt. Wenn Ihnen dies prinzipiell nicht gelingt, stimmt etwas nicht. Eventuell begehen Sie einen der von mir gesammelten häufigsten Fehler in der Verhandlungsphase.

Die häufigsten Fehler in der Verhandlungsphase

– *Sie ignorieren die codierten Warnungen*

»Sie erzählte mir, dass sie ihren Ex zweimal verlassen hatte«, schrieb mir Dirk H. aus Braunschweig. »Jedesmal wegen eines Typen, den sie während ihres Urlaubs kennen gelernt hatte. Als sie dann aus ihrem Sydneyurlaub zurückkam, beendete sie unser Verhältnis ohne wirkliche Angabe von Gründen. Nur das Übliche: ›Ich bin nicht so verliebt wie du!‹ Drei Monate später erfuhr ich, dass sie dort jemanden getroffen hatte, der nun nach Deutschland ziehen wollte. Vielleicht bin ich gemein, aber ich freute mich, als ich hörte, dass sie ihn eine Woche vor seiner Abreise aus Australien abserviert hat.«

Wer wie Dirk auf echte Beziehungsverweigerer trifft, erfährt dies in der Regel von ihnen selbst. In Erzählungen beschreiben sie oft sehr detailliert, was sie in der Vergangenheit getan haben, um nicht in die Beziehungsfalle zu geraten. Diese Menschen sagen nicht direkt: »Das wird nichts mit uns!«, sondern sie kommunizieren codiert. Es gilt, diese Hinweise sehr ernst zu nehmen und nicht einfach zu überhören.

Und manchmal übersehen wir sogar die nicht-codierten Warnschilder: »Bei unserem ersten Treffen sagte er mir bereits, dass er sich nicht für beziehungstauglich hielt«, schrieb Susanne K. aus Hamburg. »Ich habe das zwar registriert, aber nicht wirklich verinnerlicht. Denn wir sahen uns beinahe jeden Tag, schliefen dreimal pro Woche miteinander und machten die Telefongesellschaften reich. Als er dann nach zwei Monaten meinte: ›Ich hatte von Anfang an gesagt, dass ich für etwas Festes nicht geeignet bin‹, brach es mir das Herz!«

Achten Sie auf Doppelbotschaften. Manche Menschen sagen Ja und Nein gleichzeitig. Und beide Seiten stimmen: Die eine Stimme will ganz dringend eine Beziehung, die andere auf gar keinen Fall. Und Sie können Ihrem Partner keinen Vorwurf machen: Er hat Ihnen sogar gesagt, wie es um ihn steht. Sie haben vielleicht aus seinen Handlungen etwas anderes geschlossen. Aber: Sie wurden gewarnt.

– *Sie ignorieren die Realität und erleben eine Traumwelt*

Ein befreundeter Therapeut erzählte mir, er würde Paare immer mit der Frage konfrontieren, ob sie tatsächlich Tag für Tag von ihrer Beziehung erfüllt würden und ob sie diese wirklich glücklich machen würde. Erschreckend häufig hörte er dann als Antwort, dass die Befragten in ihrer Partnerschaft zwar viel Potenzial zum Glück sehen würden, dies aber noch nicht – oder nicht mehr – ausschöpfen konnten.

Wenn Sie am Ende der Verhandlungsphase das Gefühl haben, die Sorgen und Ängste haben überwogen, eigentlich gab es nur wenige schöne Momente, in denen Sie absolut zufrieden waren – und Sie wollen dennoch eine Beziehung mit diesem Menschen führen, dann sind Sie möglicherweise Masochist, noch wahrscheinlicher, Sie leben in einer Traumwelt.

Hans aus München erzählte: »Nach zwei Monaten kam sie mit einem Zettel zu mir. Auf der einen Seite standen die tollen Dinge, die wir erlebt hatten – auf der anderen die, die sie mit mir gerne erleben wollte. Ich war erschrocken, wie wenige der Punkte in beiden Listen aufgeführt waren. Mir war das zuvor nicht bewusst: Aber sie muss kreuzunglücklich mit mir gewesen sein. Ich habe diese Methode für mich jetzt selbst übernommen. Seitdem kann ich in einer Beziehung ehrlicher zu mir selbst sein und erkennen, ob ich nur ein Märchen lebe.«

– *Sie haben die alten Beziehungskisten ignoriert*

Wenn Sie nicht gerade erst die Pubertät hinter sich gelassen haben, durften Sie in Ihrem Leben im Dating- und Beziehungskarussell bereits einige Runden drehen. In einem vorherigen Kapitel beschrieb ich die Päckchen und Pakete, die wir aus alten Affären und Verbindungen mit uns tragen. Wir wissen, es ist nicht gut, zu viele davon im Rucksack herumzuschleppen. Eine Beziehung von mir sprach mich sechs Monate lang versehentlich immer wieder mit dem Namen meines Vorgängers an – wahrscheinlich in Situationen, in denen Erinnerungen hochkamen. Da war mir die Vergangenheit ein wenig zu präsent.

Dennoch denke ich, dass Sie Ihre alten Beziehungen nicht verdrängen sollten. Versuchen Sie lieber, aus ihnen zu lernen. Und geben Sie Ihrem neuen Partner die Chance, Sie aus einer anderen Perspektive zu sehen. »Ich wusste über seine Ex nur, dass sie ihn hat sitzen lassen«, schrieb Lisa V. aus München. »Sie nahm einen Job in Frankfurt an, er blieb in München. Für mich blieb sie immer eine Bedrohung, denn ich wurde das Gefühl nicht los, er würde mich für sie sofort verlassen, wenn sie zurückkäme.« Lisas Ängste wurden durch das Verdrängen der alten Partnerin weiter verstärkt.

Wer lange Zeit mit einem Partner verbracht hat und sich vielleicht aus Vernunftgründen und nicht wegen eines Treue- oder Vertrauensbruchs getrennt hat, wird sich häufig an die schönen Momente erinnern und womöglich Sehnsucht nach dem Expartner empfinden. Das ist sehr menschlich und spricht letztlich für die Qualität dieser Beziehung. Dennoch sollten Sie sich immer wieder ins Gedächtnis rufen, warum es damals nicht funktioniert hat, welche Gefühle auf beiden Seiten waren. Wenn Sie denken, Sie schaffen das nicht alleine, sprechen Sie ruhig mal mit einem Berater, Therapeuten oder einer Selbsthilfegruppe. Viele Menschen kommen mit einer Trennung nicht klar und beginnen zu diesem Zeitpunkt mit einer Therapie. Oft kann dadurch diese schwierige Phase als Chance genutzt werden, mit unverarbeiteten Erlebnissen aus der Vergangenheit endlich ins Reine zu kommen. So kommen Sie in Ihrer Entwicklung einen Schritt weiter und können vermeiden, Ihrem Partner unnötig Schmerzen zuzufügen.

– *Sie haben Hormone und Herz verwechselt*

»Ich dachte Tag und Nacht an sie«, schrieb Albert W. aus Frankfurt. »Nach dem ersten Sex war es um mich geschehen. Sie war einfach wundervoll, und wir passten perfekt zusammen. Ich wollte von da an immer mit ihr zusammen sein und machte ihr bereits nach drei Wochen einen Heiratsantrag.« Manche mögen sagen, das sei romantisch, denn Albert hätte ja nur auf sein Herz gehört. Ich befürchte jedoch, dass Albert seine Hormone mit seinem Herzen verwechselt – und zu allem Überfluss den Kopf ausgeschaltet hat.

Bei meinen Recherchen fand ich, dass nahezu alle Therapeuten die »Liebe auf den ersten Blick« eher skeptisch betrachten und davon ausgehen, dass Gefühle in einer Beziehung erst wachsen müssen und die meisten Empfindungen vorher hormoneller oder sexueller Natur sind. Sehr oft laufen Menschen, die sich sehr schnell verlieben, in die Projektionsfalle und erleben wie in einem Rausch die Erfüllung ihrer Fantasien – um dann rasch abzustürzen. »Wenn es bei mir erst mal Klick macht, stürme ich los«, erzählte Klaus B. aus Lübeck. »Leider hält das nicht lange an, denn irgendwie sind die Mädchen dann immer doch nicht so, wie ich sie anfangs gesehen habe. Ich schaue im ersten Liebestaumel wohl gerne über Fehler hinweg.«

– *Sie haben vorschnell Entscheidungen gefällt*

Meine Freunde Miriam und Stefan sind beide Menschen, die nicht lange zögern, etwas Neues zu beginnen. Als sie sich vergangenen Sommer kennen lernten, waren sie beide gerade ohne Job. Er hatte zuvor in einer Agentur als Mediaplaner gearbeitet, sie hatte ihr Sportstudium abgeschlossen, jobbte in einem Restaurant als Kellnerin und half beim Catering von Events aus. Zwischen den beiden funkte es, und in Rekordzeit eilten sie durch die Verhandlungsphase. Bevor der Alltag sein graues Gesicht zeigen konnte, hatten die beiden bereits beschlossen, gemeinsam ein Lokal zu eröffnen. Diese Idee verband sie, und ein halbes Jahr waren sie eigentlich täglich rund um die Uhr zusammen: beim Arbeiten und zu Hause. Als dann im Januar das Geschäft nachließ und jeder mehr Zeit hatte, brach die Beziehung auseinander. Sie stellten fest, dass sie außer der gemeinsamen Idee mit dem Lokal keine weiteren gemeinsamen Bezugspunkte fanden. Sie hatten das Glück, dass sie sich in Freundschaft trennen konnten und weiterhin sehr gut zusammen arbeiten – aber das hätte auch anders enden können.

Es kommt vor, dass Frischverliebte aus Gründen der Bequemlichkeit (zu weite Strecken, zu viele Klamotten hin- und herschleppen) zu früh eine gemeinsame Wohnung beziehen. Die Verhandlungsphase ist für äußere Umstände, die letztlich Entscheidungen erzwingen, noch nicht die richtige Zeit. Oft wird von einem Partner (aber auch von beiden) versucht, auf diese Weise eine vermeintliche Sicherheit zu schaffen. In der Regel rächt sich das. »Edward zog bei mir eigentlich bereits am ersten Tag ein«, schrieb Thomas. »Er hatte in irgendeiner Wohngemeinschaft zwar ein Zimmer, aber das benutzte er nicht mehr. Nach nur zwei Wochen war sein gesamter Kleiderschrank bei mir. Zunächst fand ich das toll, dann wurde mir diese Nähe aber zuviel. Und das Schlimmste: Ich fühlte mich, als würde ich bereits seit Jahren mit ihm zusammen sein und nicht erst seit zwei Monaten. Ich wachte nachts auf und überlegte mir, wie ich ihn aus meiner Wohnung bekäme – ohne ihn zu verlieren. Das wollte ich nämlich gar nicht – mir war nur das Tempo schlicht zu schnell.«

Zwischenkapitel: Wie gehen die Typen miteinander um?

Bevor wir uns mit den gegensätzlichen Typenpaaren beschäftigen, möchte ich nochmals betonen, dass nach C. G. Jung jeder Mensch alle Grundhaltungen aufweist, es überwiegt nur in der Regel die eine oder andere. Manche behaupten von sich, dass sie privat und beruflich unterschiedlich agieren – zu Hause oder in einer Beziehung entscheiden sie bauch- oder herzgesteuert, im Job dagegen lassen sie den Kopf die Entscheidungen treffen. Dies ist durchaus möglich und sicher häufig der Fall, vermutlich wird es allerdings anstrengend, wenn diese Grundhaltungen jeweils stark ausgeprägt sind. Wenn wir glauben wollen, dass sich Gegensätze anziehen, dann ergeben sich die vier folgenden Paare.

Extravertiert und Introvertiert

Nach Bradway zählen sich etwa 75 Prozent der Bevölkerung zu den extravertierten Menschen und nur 25 Prozent zu den introvertierten. Häufig haben Introvertierte das Gefühl, sie müssten sich mehr Mühe geben, um die Nähe anderer Menschen ebenfalls als Energiequelle wie die Extravertierten anzusehen. Keirsey behauptet, dass manche dadurch sogar Schuldgefühle entwickelt haben. In der Folge ergibt sich in einer Beziehung häufig ein Ungleichgewicht, das gehöriges Konfliktpotenzial birgt. Während der Extrovertierte nach einer Party durch den Kontakt mit anderen Menschen seine Batterien aufgeladen hat und am liebsten weiterfeiern möchte, sehnt sich der Introvertierte nach Ruhe, denn der Smalltalk hat seine Reserven aufgebraucht, und die möchte er jetzt durch Alleinsein wieder füllen.

Intuitiv und Sensitiv

Auch diese Gruppen sind unterschiedlich stark in der Bevölkerung vertreten: 75 Prozent der von Bradway Befragten gaben an, einen ausgeprägten Sinn für Tatsachen zu besitzen (sensitiver bzw. Empfindungstyp), während nur 25 Prozent sich selbst als intuitiv bezeichnen. Für manche Therapeuten ist die Verschiedenartigkeit dieser beiden Gruppen bedeutsamer als die aller anderen. Da der Intuitive Ideen und Visionen verfolgt, diese aber in den seltensten Fällen auch umsetzt, sieht der Sensitive seinen Gegenpart häufig als nutzlosen, flatterhaften Träumer an. Im Gegenzug hält der Sensitive den Intuitiven für ein Arbeitstier ohne Spaß am Leben. Während im Job recht schnell klar wird, dass sich beide brauchen, müssen in einer Beziehung beide sehr geduldig und offen miteinander umgehen, damit aus der anfänglichen Faszination des Andersartigen eine dauerhafte Bindung werden kann.

Denken und Fühlen

Kopf- und Bauchmenschen treten in der Bevölkerung im gleichen Verhältnis auf. Allerdings: Nur 40 Prozent der Frauen gaben an, ihre Entscheidungen eher nach gründlicher Überlegung zu treffen, die übrigen 60 Prozent bevorzugten ihr »Bauchgefühl«. Laut Myers ist dies das einzige Begriffspaar, bei dem sich Unterschiede zwischen Männern und Frauen feststellen lassen. Kopfmenschen sind in den Augen der Bauchmenschen häufig »kalt und herzlos« – umgekehrt heißt es: »zu emotional und unlogisch«. Ein Klischee besagt, dass Fühltypen empfindsamer seien als Denktypen. Jung geht davon aus, dass beide Gruppen gleiche emotionale Reaktionen zeigen können. In einer Beziehung muss verstanden werden, dass beide Entscheidungsformen zu ernst zu nehmenden Ergebnissen führen und die unterschiedlichen Perspektiven eine ausgezeichnete Ergänzung darstellen.

Urteilen und Wahrnehmen

Wer die Freiheit liebt und sich alle Möglichkeiten offen lassen möchte, gehört in der Regel zu den wahrnehmenden Menschen. Wer Arbeiten gerne zu Ende bringt, ist wahrscheinlich ein urteilender Typ. Diese Menschen treffen schneller Entscheidungen als die Wahrnehmenden, die sich damit recht schwer tun. Beide Gruppen gibt es in gleicher Anzahl. Vor allem im Job prallen diese Typen häufig aufeinander. Die Wahrnehmenden gelten bei den Urteilenden als »plan- und ziellos«. Die Urteilenden werden im Gegenzug von den Wahrnehmenden als »übereilte Entscheider« bezeichnet, die häufig einem »blinden Aktionismus« verfallen.

Dating Regeln für Phase 4: Die Entscheidung

Ob ein Beziehungsgespräch der Anlass war? Die harmlose Frage einer Freundin auf einer Party: »Seid ihr jetzt eigentlich zusammen?« Oder aber auch der Wunsch, das Verhältnis zu beenden? Willkommen in der Entscheidungsphase. Um hierher gekommen zu sein, müssen Sie die Verhandlungsphase nicht unbedingt in voller Länge durchlebt haben, es kann durchaus sein, dass Sie etwas übersprungen haben. Manche Menschen erklären bereits die erste Rückzugsphase zur Entscheidungsphase.

Bevor wir zu den verschiedenen möglichen Entscheidungen kommen: Lassen Sie uns einen Blick auf zwei Aspekte werfen, die Ihre Entscheidung beeinflussen könnten. Die daraus folgenden Regeln sollten Sie sich noch einmal vor Augen führen, bevor Sie »Nägel mit Köpfen« machen.

Das Alter der Fragebogenaktion-Teilnehmer war überwiegend zwischen 20 und 40, aber es antworteten auch einige jenseits der 60, die auf eine lange Beziehung zurückblicken konnten. Julia R. aus Berlin erzählte: »Wir sind seit 35 Jahren verheiratet, und wir freuen uns über jeden gemeinsamen Tag. Es gab Höhen und Tiefen, und wir waren nicht immer monogam. Wir haben sogar Swinger-Clubs ausprobiert. Aber das ist nicht der Grund, warum unsere Ehe funktioniert hat: Wir haben einfach sehr früh verstanden, dass man lieber Energie darauf verwendet, die Schwächen des anderen zu akzeptieren, als ihn ändern zu wollen.«

Es sagt sich so leicht: »Man kann einen Menschen nicht ändern!« Jeder weiß das. Dennoch versuchen wir es immer wieder. Dabei legen wir unsere Nerven bloß und treiben den Partner entweder in den Wahnsinn oder aus dem Haus. »Für mich war es nur eine Kleinigkeit«, schrieb Leon W. aus Hamburg. »Ich liebe es einfach, mich mit Menschen zu unterhalten und freundlich zu sein. Also spreche ich mit dem Taxifahrer oder der Kellnerin nicht nur über die Fahrtstrecke oder das Tagesgericht. Marion hasste das. Sie fand es wohl unpassend, sich mit dem Personal zu beschäftigen. Sie war davon so genervt, dass sie mich vor einem Restaurantbesuch erpresste: Sie würde sofort aufstehen und gehen, wenn ich wieder den Ober in ein Gespräch verwickeln würde. Ich machte es dennoch – und sie ging tatsächlich. Im Nachhinein bin ich froh, denn mit so einem kleinlichen Mensch wollte ich besser nicht zusammen leben.«

Egal ob Marion tatsächlich kleinlich war oder ob die Redeattacken von Leon möglicherweise ausdrückten, dass sich die beiden nicht viel zu sagen hatten: Der Versuch, den anderen zu ändern, scheiterte hier kläglich. Und wenn schon bei solchen banalen Dingen alle Bemühungen umsonst sind: In (Ihnen) wirklich wichtigen Aspekten werden Sie erst recht scheitern.

> ***Regel 15:*** *Versuchen Sie erst gar nicht, Ihren Partner zu ändern.*

Steven Carter nennt es den »Mut, Akzeptanz zu lernen«. Wenn Sie sich über Ihren Partner wirklich ärgern, dann zählen Sie einmal bis drei und überlegen Sie sich noch einmal, wie wichtig Ihnen diese Beziehung ist – bevor Sie anfangen zu streiten oder Kritik zu üben.

Dauerhaftes Kritisieren kommt bei Ihrem Partner so an: »Er mag mich nicht, wie ich bin.« Wenn Sie aber einmal in sich hineinhören, werden Sie feststellen, dass Sie genau das für sich selbst möchten. Sie wollen geliebt werden für das, was Sie darstellen. Und nicht für das, was Sie darstellen könnten, wenn Dr. Higgins an Ihnen herumarbeiten dürfte.

Es hilft, sich an dieser Stelle die verschiedenen Persönlichkeitsmodelle ins Gedächtnis zu rufen. Alle Persönlichkeitstypen ergänzen sich. Worin einer schwach ist, ist der andere stark. Der eine ist kreativ und hat Ideen, bringt sie aber nicht zu Ende – der andere bekommt lieber eine Aufgabe und findet es klasse, wenn er diese zu einem guten Abschluss bringen kann. Anfangs werden sich diese beiden hassen: »Spießer!«, schimpft der eine, »Chaot!« der andere! Dabei kann aus dem Projekt nur was werden, wenn Sie es gemeinsam in Angriff nehmen und Ihre Stärken bündeln. Dann klingt das auch schon nicht mehr so nach Fehlern! Nehmen Sie sich die Zeit und finden Sie heraus, mit welchen Vorzügen Ihr Partner Ihre Nachteile ausgleichen kann. Aus solchem Verständnis heraus entsteht eine Nähe, die über lange Zeit für beide Partner zutiefst befriedigend sein kann.

Machen wir uns nichts vor: Es gibt Unterschiede, die gehen nicht zusammen. Schlechtes Benehmen, rüpelhaftes Auftreten in der Öffentlichkeit, übersteigerte Selbstdarstellung, maßlose Eifersucht... Die Liste ist lang und sehr individuell. Manchmal denken Menschen im Feuer des ersten Verliebtseins: »Nicht so schlimm. Da sehe ich drüber weg. Alles andere ist doch perfekt!« Wenn Sie zur Entscheidungsphase kommen, sollten Sie sich einmal genau überlegen, ob Sie wirklich über manche Eigenheiten Ihres Partners hinwegsehen können – oder ob Sie doch insgeheim hoffen, ihn ändern zu können. Seien Sie vor allem ehrlich, wenn es dann um die Frage geht: »Kann ich es auf Dauer akzeptieren, wenn er so bleibt, wie er ist?«

Und noch eine Volksweisheit: »Liebe macht blind!« Ganz stimmt das nicht, denn Liebe verschleiert nur den Blick aufs Wesentliche. Es gibt zahlreiche Attribute, die uns anziehen, die andere für uns attraktiv erscheinen lassen. Viele Menschen haben jedoch – wenn diese Äußerlichkeiten gegeben sind – vor allem die Projektion eines Traumpartners vor Augen, in den sie sich dann sofort verlieben. Im Laufe der Verhandlungsphase wird diese Person aber immer menschlicher – und bald geschieht ein Umschwung: Man sieht plötzlich nur noch die Fehler. Die Seifenblase ist zerplatzt.

Natürlich kann es passieren, dass jemand Pech hat und ständig danebengreift, aber wenn Ihnen dies häufig geschieht – obwohl doch alles so perfekt und vollkommen begonnen hat –, dann sind es wahrscheinlich nicht nur die Fehler Ihrer Partner, die eine Beziehung verhindern. Dann sind Sie es selbst, der den negativen Ausgang herbeiführt. Damit kommen wir zu einem häufig auftretenden Problem: Bindungsschwierigkeiten. Silke F. aus Bremen erzählte mir: »Ich kann mich im Moment einfach nicht zwischen zwei Männern entscheiden. Der eine ist groß, schlank und dunkelhaarig, der andere etwas kleiner als ich, muskulös und rasiert sich eine Glatze. Beide sind großartig. Aber ich weiß nicht, wer besser zu mir passt. Das passiert mir immer wieder: Ich sitze zwischen den Stühlen.« So oberflächlich es auch klingen mag, es gibt viele Menschen, die so empfinden, wenn es zur Entscheidungsphase kommt, und die Beziehungen aus genau solch banalen Gründen anfangen und beenden. Wenn Sie einmal eine Liste machen, warum Sie einen bestimmten Menschen nicht als Partner haben wollen, werden Sie sehen, dass diese Gründe selten etwas mit der Tiefe menschlicher Beziehungen zu tun haben.

An dieser Stelle greift wieder Regel 1: »Tun Sie alles, damit Sie mit sich selbst zufrieden sind und sich in Ihrer Haut wohl fühlen!« Wer sich selbst akzeptiert, bringt auch anderen sehr viel mehr Akzeptanz entgegen. Die Gefahr ist groß, dass Sie eigene Unsicherheiten so sehr verachten, dass Sie sie auch bei Ihrem Partner hassen. Sie sehen dann die eigenen Fehler in dem anderen und reagieren mit Ärger, Panik und Flucht.

Sie dürfen sich außerdem gewiss sein: Jeder Mensch hat Angst vor einer Beziehung. Diese Angst ist unterschiedlich ausgeprägt, aber sie ist da. Häufig ist sie besonders groß bei Menschen, die sich nichts sehnlicher wünschen als eine Beziehung – aber niemals eine finden. Klaus H. aus Hamburg: »Es gab eine Zeit, da bin ich von einer Affäre in die nächste gefallen. Und immer war ich unsterblich verliebt. Ich war mir auch sicher, dass ich eine enge Beziehung führen wollte. Doch an einem bestimmten Punkt, meist war er nach drei Monaten erreicht, sah ich so viele Macken und Fehler, dass ich entschied, das wäre für mich nicht das Richtige. Erst ein guter Freund hat mich darauf gebracht, dass ich eigentlich nicht bereit war, eine Beziehung einzugehen, und mir selbst im Wege stand.« Im Interview gab Klaus an, dass er sich einen Therapeuten gesucht hat. Die beiden arbeiten nun an seiner Beziehungsangst – deren Existenz Klaus bei sich vorher nicht einmal vermutet hätte.

Angst ist normal, und ganz sicher muss nicht jede therapiert werden. Die Liste möglicher Ängste ist gewaltig: Angst vor Liebeskummer. Angst vor Enttäuschung. Angst davor, etwas Neues beginnen zu müssen. Angst, verletzt zu werden oder andere zu verletzen. Angst, unsere Freiheit zu verlieren, lieb gewonnene Dinge aufgeben zu müssen. Angst, Geheimnisse preiszugeben. Angst, dass diese Beziehung unsere letzte Chance auf Liebe sein könnte. Angst vor Sex: nicht gut genug zu sein, nicht echte Befriedigung zu erfahren, nicht monogam leben zu können. Angst vor Kontrollverlust. Angst, für den anderen spürbar an unsere geistigen und körperlichen Grenzen zu gelangen. Angst vor Ablehnung. Angst, verlassen zu werden. Angst, – wieder – einen Fehler zu begehen. Angst, missverstanden zu werden. Angst vor der Meinung anderer. Und natürlich: Angst vor der Angst.

Statt Ihren Ängsten klein beizugeben, sollten Sie versuchen, sich ihnen zu stellen. Der erste Schritt hierbei kann sein:

Regel 16: *Benennen Sie Ihre Ängste!*

Steven Carter und Julia Sokol unterscheiden in ihrem Buch »Nah und doch so fern« aktive und passive Beziehungsangst. Die beiden Autoren gehen davon aus, dass in jedem Menschen die brisante Mischung von Bindungswunsch und Bindungsangst steckt. Danach sind sich Personen mit passiven Bindungsproblemen ihres Wunsches nach einer Beziehung deutlicher bewusst, die anderen dagegen ihrer Ängste.

Dieses Schema ist manchmal gar nicht so einfach zu erkennen. Wenn Sie beispielsweise immer wieder Partnern hinterher jagen, die kein oder wenig Interesse an Ihnen zeigen, geben Sie sich als Menschen mit Bindungsangst zu erkennen – obwohl Sie sich doch hingebungsvoll und leidenschaftlich um eine Beziehung bemühen. Dieses Verhalten zeigt eigentlich nur, dass Sie keine Beziehung wollen, die wirklich Potenzial besitzt. Sie können nämlich so phantasieren und sogar handeln, ohne wirkliche Konsequenzen zu fürchten. Sie versprechen problemlos Monogamie – obwohl Ihnen die Vorstellung Schweißperlen auf die Stirn treibt, dass diese jemand von Ihnen einfordern würde.

Das klassische Paar mit Furcht vor Bindung besteht aus einem Partner mit aktiven und einem mit passiven Beziehungsängsten. Und nach Carter und Sokol teilen die beiden sogar häufig ihre Ängste. Die Teilnehmer der Fragebogenaktion für dieses Buch haben diese Annahme teilweise bestätigt.

Wenn Sie für sich herausgefunden haben, was Sie eigentlich bei der Vorstellung, eine Beziehung einzugehen, in Furcht versetzt, dann können Sie beginnen, mit Ihrem Partner offen über Ihre gemeinsamen Ängste zu sprechen.

»Ich hatte nicht gedacht, dass Thomas genau wie ich eine große Angst vor unserer Beziehung verspürte«, schrieb Natalie R. aus Köln. »Er wirkte auf mich so selbstsicher und schien das Tempo vorzugeben. Als ich ihm erzählte, wie schrecklich einengend ich meine bisherigen Freunde empfunden hatte, platzte aus ihm heraus, dass er ebenfalls Panik verspürte, wenn er nur an Rituale wie das gemeinsame Benutzen des Badezimmers am Morgen dachte.«

Es gibt einige solcher Situationen, die geradezu klaustrophobische Gefühle hervorrufen können: Die Vorstellung, nur noch gemeinsam in den Urlaub zu fahren oder immer als Paar auf einer Party zu erscheinen; jede Nacht kuschelnd einzuschlafen; nur noch monogam zu leben... Die Liste ist endlos.

Solche Ängste sind normal. Lassen Sie sich nur nicht von ihnen überrennen. Und denken Sie daran: Ihr Partner hat sie ebenfalls. Letztlich geht es hier um Ihre Bereitschaft (und die Ihres Partners), eine Beziehung einzugehen. Diese Bereitschaft können Sie nicht erzwingen. Nicht für sich, nicht für den anderen. Erinnern Sie sich daran, wenn es nun um die Entscheidung geht, wie Sie weitermachen und wohin die gemeinsame Reise nun geht.

Wenn Sie sich bewusst sind, was Sie geben können und wollen, wenn Sie bereit sind, die Verhandlungsphase hinter sich zu lassen, ist der richtige Zeitpunkt gekommen: Dann können und sollten Sie sich entscheiden.

Manchen Menschen fällt diese Phase sehr leicht. Sie fühlen sich danach erleichtert, denn nun geht es – in welche Richtung auch immer – weiter. Andere zieren sich so lange wie möglich. Leider scheint es fast immer so zu sein, dass nur aufrecht aus dieser Phase kommen kann, wer auch aufrecht in sie hineingehen kann.

Eric T. aus Rosenheim erzählte: »Bis zum Verständnis, dass jede Entscheidung einen Schritt nach vorne bedeutet, habe ich lange gebraucht. Meist ahnte ich, dass meine Wünsche nicht erfüllt werden würden. Eigentlich wollte ich nur mehr Zeit zur Verfügung haben, meine potenzielle Freundin von mir zu überzeugen. Das hat aber nie funktioniert.«

In der Einführung dieses Buches hatte ich bereits erwähnt, dass Kommunikation via SMS zwar praktisch, vor allem aber viel schwieriger ist, als man das auf den ersten Blick vermuten würde. Auch wenn die neuen Mobiltelefone mühelos eine lange Nachricht in zwei oder drei SMS zerteilen und dann senden, reduzieren sich die Mitteilungen in der Regel auf etwa 160 Anschläge. Natürlich lassen sich sogar auf wenig Raum wichtige Dinge mitteilen: »Stecke im Stau. Verspäte mich um 15 Minuten« ist eine adäquate SMS-Information, denn die Kurznachricht ist günstiger als ein Anruf und mehr muss dazu schließlich nicht gesagt werden. Ebenfalls gängig sind kurze

Mitteilungen zum Beispiel nach einem gemeinsamen Kino-Besuch: »Film und Abend mit dir haben mir sehr gefallen. Schlaf gut und schöne Träume!« Damit bringt man sich noch einmal in Erinnerung und betont, wie angenehm das Date und die Begleitung waren.

Kniffliger wird es, wenn ein Dialog in Gang gebracht werden soll. Das kann bei unserem Kino-Beispiel mit einer kleinen Frage am Ende der Nachricht geschehen: »Wollen wir das nicht am Wochenende wiederholen?«

Lassen Sie uns das Beispiel kurz durchspielen: Sie bitten um eine Neuauflage, denn Ihnen hat der Abend wirklich gut gefallen. Wenn ihm das ebenso geht, wird er vermutlich zeitnah antworten: »Ich fand es auch klasse. Würde mich freuen, das bald wieder zu tun. Vielleicht Samstag?«

Wenn er sich noch nicht so ganz sicher ist, reagiert er vielleicht verhaltener und lässt den konkreten Terminvorschlag einfach weg. Wenn er noch keine Pläne fürs Wochenende machen will, weil er zum Beispiel auf die Antwort eines anderen Dates wartet, wird die Antwort eventuell so aussehen: »Ich fand es auch schön. Gute Nacht und lieben Gruss!«

Hierbei ist er auf Ihre Bewertung des heutigen Abends eingegangen, hat sich aber vor einer Verabredung gedrückt. Um das aber nicht zu schroff wirken zu lassen, fügte er eine charmante Abschiedsfloskel hinzu. Zur Bewertung dieser Mitteilung wäre außerdem noch wichtig zu beachten, ob sie kurz nach Ihrer SMS oder vielleicht erst nach ein oder zwei Stunden abgeschickt wurde.

Sie können davon ausgehen, dass Sie mit Ihrer Einschätzung des Abends alleine stehen, wenn die Antwort etwa so aussieht: »Danke für den Abend. Bis bald und lieben Gruss!«

Womöglich wird danach sogar das Mobiltelefon ausgeschaltet und der Teilnehmer ist nicht mehr erreichbar. Genauso düster sind die Perspektiven, wenn Ihre Nachricht erst am Freitagnachmittag beantwortet wird mit: »Dieses Wochenende leider keine Zeit mehr für Kino. Melde mich wieder.« Das hat er garantiert auch schon gewusst, als er Ihre SMS Tage zuvor erhielt. Er wollte Sie jedoch mit der späten Antwort auf Distanz halten und Sie wissen lassen, dass er wenig Zeit mit Gedanken an Sie verbringt.

Warum eigentlich haben Sie als Sender überhaupt die Frage nach dem nächsten Date in die SMS hinein gepackt? Offensichtlich wollten Sie ja einen Dialog führen und mehr als nur ein Statement abgeben. Im Fall unseres Beispiels war der Grund höchstwahrscheinlich, dass Sie Angst hatten, sich einen Korb zu holen. Sie dachten, eine Absage per SMS kann ich leichter wegstecken als eine mündliche. Bei vollstem Verständnis für Ihre Sorge haben Sie jedoch in meinen Augen den falschen Weg gewählt, denn dem Empfänger bleiben zu viele Schlupflöcher, um sich herauszuwinden, ohne die konkrete Antwort zu geben, die Sie sich erhofft haben. Das Schlimmste: Sie sind mit Ihren Interpretationen allein gelassen. Denn Sie werden kaum eine Nachricht zurück schreiben wie »Ich habe dich was gefragt: Willst du nun mit mir ins Kino am Wochenende oder nicht?«. Und falls Sie das doch tun, sollten Sie die SMS-Funktion Ihres Telefons für ein paar Monate sperren, denn es ist an der Zeit, dass Sie wieder mehr mit Ihren Freunden sprechen!

Nun ist die Frage nach einem Kinobesuch noch nicht wirklich heikel, aber sobald Sie diese mit ein wenig emotionalem Beiwerk garnieren, wird die Kommunikation via SMS leicht zum Kaffeesatz-Lesen. Stellen Sie sich also vor, Sie wollen auf diesem Weg Klarheit über die Gefühle des anderen erfahren oder Ihre eigenen Gefühle ausdrücken: Es ist nahezu unmöglich. Die Interpretationsmöglichkeiten sind zu vielfältig, und missverständliche Fluchtwege gibt es in Massen. Deshalb:

> ***Regel 17:*** *Wenn Sie über Gefühle kommunizieren wollen, tun Sie dies nicht über SMS!*

Vielleicht wundern Sie sich, dass ich Ihnen kurz vor dem Schluss des Buches noch mit dieser Regel komme, die doch auf den ersten Blick nichts mit Dating zu tun hat. Tatsächlich ist die SMS nur ein Kommunikationsmittel, dazu noch ein populäres und praktisches. Kann denn ein Medium schlecht sein? Die SMS-Affinität ist ein sehr deutsches Phänomen. In den wenigen Jahren seit Erfindung der Kurznachricht via Mobiltelefon haben wir gelernt, SMS überall und zu allen Anlässen einzusetzen. Wie schicken eine Nachricht, wenn wir uns verspäten, wir senden Grüße aus dem Urlaub und wir sagen unseren Freunden am Samstagabend, wo sie uns wann finden können. »Praktisch!«, sagen Sie jetzt zu Recht. Warum also nicht SMS auch beim Dating einsetzen? Ich will es Ihnen an einem Beispiel zeigen.

Den folgenden SMS-Dialog hat mir Anja L. aus Hamburg geschrieben. Sie führte ihn mit einem jungen Mann, nachdem sie die vierte Nacht miteinander verbracht hatten. Der Dialog ist ein gutes Beispiel für eine leider schlechte Kommunikation. Achten Sie auch auf die Sendezeiten.

Montag, 8.10 Uhr. Sie: Guten Morgen! Ich bin am Freitag auf

eine Vernissage eingeladen. Magst du mitkommen? Dicken Kuss und liebe Grüsse.

Dienstag, 9.00 Uhr. Er: Hast du gut geschlafen? Ich rufe heute Mittag mal durch. Gruss.

Dienstag, 22.35 Uhr. Sie: Bist du wieder mit Arbeit zugeschüttet? Melde dich doch mal!

Mittwoch, 10:05 Uhr. Sie: Wegen Freitagabend: Ich kann mir auch eine andere Begleitung suchen ;-) Kuss.

Mittwoch, 10.10 Uhr. Er: Guten Morgen! Wahrscheinlich feiert mein Bruder am Freitag seinen Geburtstag. Müssen wir verschieben. LG

Mittwoch, 10.15 Uhr. Sie: Wie schade. Würde dich gerne wieder sehen. Mach doch mal einen Vorschlag, wann du Zeit hast.

Zur Vorgeschichte: Anja erzählte mir, dass sie beinahe alle Kommunikation mit diesem Mann per SMS bestritten hat. Der Grund war anfangs, dass sie ihn nicht beim Arbeiten stören wollte. Er war Anwalt in einer renommierten Kanzlei und häufig in Sitzungen mit Klienten, sodass er nicht telefonieren konnte. Schnell gewöhnten sich beide an diesen Dialog und oft ertappten sie sich, dass sie SMS schickten, obwohl sie beide in der richtigen Situation für ein Telefonat gewesen wären. Lassen Sie uns nun diese Nachrichten untersuchen: Zusammengestrichen hat Anja mehrere Versuche gestartet, eine konkrete Aussage zu ihrem Vorschlag zu erhalten, am Freitag gemeinsam eine Veranstaltung zu besuchen. Sie hat ihre Frage konkret formuliert – er allerdings ist ausgewichen, und zwar alle Fluchtwege nutzend, die das Medium bietet: Er hat die Frage ignoriert, er hat sie verdrängt, er schob etwas anderes vor. Erst als sie offensichtlich verärgert war, so sehr, dass sie mit einem Erpressungsversuch konterte, wurde seine Antwort präzise – und das sogar schnell.

Der Grund für die unpräzise und missverständliche Kommunikation via SMS ist auch hier wahrscheinlich wieder die Furcht vor Ablehnung gewesen. Anja sagte im Interview: »Ich war mir nicht sicher, ob er wagen würde, mir unter vier Augen einen Korb zu geben. Also gab ich ihm mit den SMS die Chance, dies sozusagen aus sicherer Distanz und auch noch schriftlich zu tun. Ich lieferte ihm also die Vorlage für ein klares ›Nein!‹.«

Der Gedanke mag löblich sein, in der Realität aber wird kaum jemand so schroff antworten. Er wird entweder verschlüsselt und/oder zeitverzögert antworten und so tun, als hätte er die Nachricht erst viel später erhalten (»Das ist bei meinem Provider immer so…«), oder angeben, sein Telefon wäre defekt/aus/Akku leer (»Konnte gar keine SMS abrufen…«).

Wenn Sie die frühe Dating-Phase abgeschlossen haben, sich bereits verständigen konnten, wohin die gemeinsame Reise gehen könnte, sind SMS bei weitem nicht mehr so problematisch. Allerdings werden Sie sie dann vermutlich nicht mehr so wie in unseren Beispielen einsetzen. Dann schicken Sie vom Seminar am Wochenende furchtlos die Nachricht: »Ich vermisse dich. Du mich auch?« Und wenn Sie bereits etwas vertrauter miteinander sind, werden Sie diese Antwort auch richtig zu deuten wissen: »Keine Spur :-) ! Im Fernsehen läuft doch der Musikantenstadl!«

Und damit lassen Sie uns die wichtigsten Möglichkeiten der Entscheidung durchgehen, von denen mir in den Interviews zu diesem Buch erzählt wurde:

Die Lover-Lösung oder Affäre

Alles bleibt wie es ist, Sie können weitermachen wie bisher: eine Affäre ohne Verpflichtungen und ohne Perspektive auf etwas anderes oder mehr. Sie verzichten auf Exklusivität, müssen aber ebenfalls keine gewähren. Für manche Menschen ist dies tatsächlich ein erstrebenswertes Ziel.

»Ich will keine klassische, feste Beziehung«, schrieb Sinja L. aus Frankfurt. »Mein Ideal wären zwei oder drei parallel laufende Affären. Jede treffe ich einmal, maximal zweimal die Woche. Wir telefonieren und sehen uns, wenn wir Lust und Zeit haben. Bei unseren Treffen geht es nicht nur um Sex: Wir gehen gemeinsam essen, ins Kino oder sitzen zu Hause auf dem Sofa. Und jeder weiß, dass der andere nebenher noch weitere Affären hat.«

Das klingt für viele Menschen verlockend: Alle Vorteile – keine Nachteile. Nähe auf Abruf, Distanz, wenn man sie braucht. In den Gesprächen habe ich viele Langzeit-Singles kennen gelernt, die solche Beziehungen anstreben. Dabei handelte es sich sowohl um Männer als auch um Frauen – meist lebten sie in Großstädten. Im Idealfall treffen tatsächlich zwei Menschen aufeinander, die solche Affären eingehen wollen. In keinem Interview allerdings bin ich auf positive Erfahrungen gestoßen, die damit gemacht worden wären.

Andreas S. aus Berlin berichtete: »Das fing prima an: Mal ein Konzert, mal gemeinsam zum Sport und dann nach Hause unter die Dusche. Aber nach vier Wochen merkte ich, dass sie sich nicht an die Abmachung hielt. Sie erzählte ihren Freundinnen, ich wäre ihr Neuer und wir würden das am Anfang eben ein wenig lockerer angehen wollen. Da hatte sie etwas falsch verstanden, denn ich hatte etwas Festes immer ausgeschlossen.«

Die Wahrscheinlichkeit, dass sich in einer solchen Konstellation einer der Partner in den anderen verliebt, liegt bei 99,9 Prozent. Irgendwer wird die Rolle des Überlegenen und irgendwer die Rolle des Unterlegenen spielen. Natürlich können Sie darauf wetten, dass es sich bei Anhängern der »Affäre«-Lösung eigentlich um Beziehungsverweigerer handelt. Doch Sie erinnern sich: Die treten meist als Pärchen auf, nämlich als der aktive und der passive Bindungsgegner. Der eine zieht sich zurück, der andere drängt nach; der eine gibt sich unerreichbar, den anderen reizt das noch mehr. Und dabei haben sie vorher beide gesagt: »Wir streben nur eine Affäre an.«

»Ich wollte es wirklich nicht«, schrieb Elke S. aus Hamburg. »Für eine Beziehung habe ich keine Zeit, und so toll fand ich ihn zunächst gar nicht. Aber es dauerte eben vier Wochen, und ich konnte mir ein Leben ohne ihn nicht mehr vorstellen. Ich rief ihn täglich an, schickte SMS und dachte mir immer wieder neue, spannende Aktivitäten aus, nur um mit ihm zusammen zu sein. Schließlich gestand ich ihm, dass ich mich doch verliebt hätte. Er beendete die Affäre sofort.« Elke fügte noch hinzu, dass sie sich danach vier Monate mit Vorwürfen gequält hatte, dass sie nicht einfach wie zuvor abgesprochen weitergemacht hatte. »Lieber eine Affäre mit ihm als gar nichts!«

Vorsichtig formuliert ist eine solide Verbindung extrem unbefriedigend, denn letztlich hängt hier ein Partner nur einem unerreichbaren Traum hinterher. Jemand, der immer wieder in solchen Konstellationen endet, sollte sich fragen, warum er sich solch selbstzerstörerischen Situationen aussetzt.

Manchmal ist die Entscheidung »Es bleibt, wie es ist« aber ein Ausdruck dafür, dass es noch zu früh für die nächste Stufe ist. Beide Partner benötigen vielleicht noch mehr Zeit. Nicht immer ist das nur ausweichendes Gerede. Es gibt Umstände, in denen man andere Prioritäten setzen muss: existenzielle Probleme, Krankheit, Freunde, die Zeit und Energie benötigen. Dann haben einfach beide noch nicht entschieden, ob sie den Kontakt emotional oder sexuell vertiefen wollen. Das bedeutet nichts weiter, als dass sie nach einem Beziehungsgespräch wieder in die Verhandlungsrunde zurückgehen. Das ist nicht weiter schlimm. Viele Paare tun dies.

Manche Paare finden sich allerdings in einer Drehtüre zwischen Verhandlungsphase und Entscheidung wieder. Nie scheint der rechte Zeitpunkt gekommen, immer gibt es Wichtigeres, die Unsicherheit nimmt einfach nicht ab, sondern weiter zu. Diesen Menschen stehen wahrscheinlich ebenfalls ihre eigenen Bindungsängste im Weg. Vielleicht braucht es hier die Hilfe von außen, um die nächste Stufe zu erreichen.

Wir bleiben gute Freunde

Vielleicht versuchen Sie auch, »gute Freunde zu bleiben«. Warum denn nicht? Sie haben einen netten Menschen kennen gelernt, der letzte Kick blieb zwar aus, aber Sie wollen seine Gesellschaft künftig nicht missen. Es wäre so, als würden Sie weitermachen wie bisher – nur den Sex weglassen. Und der war sowieso nicht der Knüller.

Ganz ehrlich: In den meisten Fällen wird daraus nichts werden. Zunächst einmal wird fast immer ein Partner diese Entscheidung nur notgedrungen mittragen, denn eigentlich will er mehr oder ist zumindest emotional tiefer involviert. Und dann ist die neue Freundschaft zunächst auf einer enttäuschten Erwartung aufgebaut. Schließlich war zu Beginn der Werbephase ja ein anderer Etappensieg angepeilt. Das ist kein solides Fundament.

Allerdings wird damit klar, wer gute Chancen hat, das Dating tatsächlich als nicht mehr und nicht weniger als gute Freunde zu beenden: Es sind die, die von Anfang an alles auf sich zukommen lassen! Für viele ist dieser Status übrigens die Königsdisziplin beim Dating: »Während meine Freundinnen nur andere Frauen aus dem Job oder Sportclub zu ihrem Freundeskreis zählen, habe ich viele Expartner, mit denen ich ohne Nebengedanken ausgehen und Spaß haben kann«, schrieb Sabine O. aus Potsdam. »Warum soll ich nicht jemanden weiterhin nett finden, nur weil wir uns eben nicht ineinander verliebt haben?«

Nicht jeder legt darauf jedoch Wert. »Wenn ich einen Korb kriege, dann will ich später nicht noch gemeinsame Zeit verbringen«, erzählte Martina S. aus Essen. »Die Zeit nutze ich lieber, um einen Kerl zu finden, der wirklich zu mir passt.« Ähnlich knapp bemessen sah seine Ressourcen der Verfasser einer Online-Kontaktbörse. Die Überschrift lautete: »Freunde habe ich genug!«

Sehr Dating-erfahrene Menschen sind in ihren Bemühungen um eine Freundschaft nach der Verhandlungsphase sogar erfolgreich. Da man in der Regel aber diese Entscheidung nicht gemeinschaftlich getroffen hat, wird der Zurückgewiesene erst einmal eine Trauerphase benötigen, bevor ein normaler

Umgang wieder möglich ist. Abstand hilft da eher als weitere Treffen zum Kaffee oder Kino, die leider etwas Verkrampftes haben.

Vor allem die Lustprinzip-Typen neigen dazu, den Kontakt auf freundschaftlicher Ebene weiterzuführen. Allerdings werden sich diese Menschen in kurzer Zeit in die nächste Dating-Beziehung mit einem anderen Partner begeben. Können Sie dann als guter Freund wirklich daneben sitzen und zusehen? Das sollten Sie sich bewusst machen, bevor Sie sich auf eine solche Konstellation einlassen.

Ganz sicher kann die »Gute Freunde«-Entscheidung nicht funktionieren, wenn ein Partner noch romantische Gefühle hegt. Zu häufig hofft einer nämlich noch auf einen Meinungsumschwung und verlängert so nur die Verhandlungsphase um eine weitere schmerzhafte Runde. Manche Paare gehen sogar mehrfach so in den Ring – bis einer am Ende k.o. liegen bleibt. Dann lieber in der ersten Runde nach Punkten verlieren!

Die Beziehung

Sie entscheiden sich, den weiteren Weg Ihres Lebens gemeinsam zu beschreiten. Wie weit dies sein und wie lange es dauern wird, wissen Sie nicht. Sie sehen und fürchten aber noch kein Ende. Sie sind sich einig, dass Sie es probieren wollen. Die Zeit der Unsicherheit ist vorbei – oder?

Zunächst ist die gemeinsame Entscheidung, eine Beziehung eingehen zu wollen, das Ziel der meisten Menschen, die sich auf die Dating-Achterbahn einlassen. Was genau ist geschehen? Sie beide haben sich verständigt, weiterhin regelmäßig Zeit miteinander zu verbringen. Während Sie in der Verhandlungsphase waren, musste ein Partner den anderen um ein

Treffen bitten, und dieser musste einwilligen. Jetzt ist es selbstverständlich, dass Sie sich sehen. Dabei macht es aber keinen Unterschied, ob Sie sich einmal oder zweimal in der Woche treffen oder womöglich jeden Tag. Sie wissen, der andere will mit Ihnen zusammen sein. Vielleicht nicht ständig – aber immer wieder.

Manche Paare regeln dies ganz klar: »Die Wochenenden verbringen wir gemeinsam – wenn nicht etwas wirklich Wichtiges dazwischenkommt«, erzählt Barbara L. aus Düsseldorf. »Unter der Woche aber geht jeder seines Weges. Ich habe durch meinen Job viele Termine am Abend, die oft sehr lange dauern. Da ist es besser, wenn ich niemanden mehr um mich habe, wenn ich nach Hause komme.«

Frank S. aus Essen schrieb: »Wenn ich eine Beziehung führe, dann gehe ich davon aus, dass man sich jeden Tag sieht.« Und Anja P. aus Berlin schrieb: »Sobald ich weiß, dass da was draus werden kann, deponiere ich als erstes meine Zahnbürste in seinem Badezimmer. Eine Beziehung beginnt in dem Moment, in dem ich nicht mehr die große Reisetasche dabei haben muss, wenn ich mal bei ihm übernachte.«

Wie auch immer Sie nun Ihre gemeinsame Zeit regeln, Sie werden feststellen, nicht nur die Quantität, sondern auch die Qualität dieser Zeit ändert sich. Sie sehen sich vermutlich häufiger, und Ihre Treffen werden weniger durchgeplant sein. Haben Sie in der Verhandlungsphase noch mit einem Kinobesuch locken müssen, um den Wunsch zu vermitteln, etwas zu unternehmen, so kann jetzt ein Fernsehabend auf dem Sofa als Einladung ausreichen. Da ist nicht einmal das Programm wichtig. Vielleicht ertappen Sie sich jetzt dabei, dass Sie das Notebook auf dem Schoß haben und E-Mails aus dem Büro beantworten, während Ihr Partner durch die Kanäle zappt.

»Dann kehrt endlich Normalität ein«, seufzte Bettina U. aus Schweinfurt in einem Gespräch. »Dieser Stress, jedes Treffen müsse noch besser, noch interessanter und noch spannender sein als das vorherige, ist endlich vorbei! Das ist das Schönste, wenn aus einem Verhältnis eine Beziehung wird.«

Noch etwas geschieht, wenn Sie sich für eine Beziehung entschieden haben: Beide Partner werden das Gefühl haben, eine Erklärung sei nötig, wenn sich Abläufe plötzlich ändern. Wenn Sie am Samstagabend keine Zeit haben, werden Sie nicht einfach darüber hinweggehen und sagen: »Wir sehen uns dann Sonntag wieder.« Sondern Sie werden begründen, warum Sie etwas anderes vorhaben. Zuvor hatte ausgereicht, den Partner zu informieren. Jetzt werden Sie eine solchen Sachverhalt erklären.

Die Einflüsse von außen ändern sich ebenfalls: Wahrscheinlich werden Sie jetzt von Freunden als Paar wahrgenommen und so angesprochen: »Wollt *ihr* mit uns am Wochenende an die Küste?« oder: »Wir wollten *euch* zum Essen einladen.« Womöglich haben die Partner die Eltern des anderen kennen gelernt, und auch von dort wird signalisiert, dass ihre Bindung von Dritten akzeptiert wird.

Ein befreundeter Therapeut sagte mir einmal: »Der erste gemeinsame Ikea-Besuch ist das untrüglichste Zeichen für den Beginn einer Beziehung. Ein echter Meilenstein jeder Partnerschaft. Mindestens so wichtig wie der erste gemeinsame Urlaub.«

Tatsächlich ist es eine besondere Sache, zum ersten Mal

etwas gemeinsam zu kaufen. Egal ob es ein zweiter Handtuchhalter, neue Bettwäsche oder eine Zimmerpflanze ist: Sie sind als *wir* in Erscheinung getreten und haben als *wir* gehandelt.

Ob Sie zu Beginn einer Beziehung offen und direkt über Monogamie sprechen oder nicht: Die stille Erwartungshaltung jedes Menschen ist, dass der Partner zur Erfüllung seiner sexuellen Wünsche keine weitere Person mehr benötigt. In den meisten Büchern zu diesem Thema werden Sie lesen, dass dies unverzichtbar sei, dass eine so genannte *offene Beziehung* nur ein Zeichen großer Bindungsangst sei. Und dass Monogamie ein fester Bestandteil einer Beziehung sein müsse, wenn diese Bestand haben soll.

»Wir waren beide immer schon sexuell recht aktiv«, schrieb Susanne B. aus München. »Ich wusste deshalb, dass ich mich niemals auf eine monogame Beziehung einlassen könnte. Ich war mir sicher, dass er genauso dachte. Dabei geht es uns nicht darum, andere potenzielle Partner auszutesten, sondern nur darum, neue Erfahrungen zu machen. Am liebsten gemeinsam.«

Die meisten Teilnehmer der Fragebogenaktion erwarteten Monogamie in einer Beziehung, aber eben nicht alle. Diesen möchte ich nicht allen unterstellen, sie litten unter Beziehungsangst. Ich vermute, dass die Gefahren größer sind, in einer offenen Beziehung zu scheitern als in einer monogamen. Aber wir leben in einer Welt, die bis ins Kleinste durch Werbung, Medien und exhibitionistische Verhaltensweisen sexualisiert wurde. Die kleine Enklave »Beziehung« bietet nicht genug Rückzugsmöglichkeiten, um dem zu entgehen. Nicht alle Eindrücke werden beide Partner gleich verarbeiten, und nicht alle sexuellen Bedürfnisse eines Partners wird der andere erfüllen können und wollen. In Interviews bestätigten mir die meisten Befragten, dass sie einen Seitensprung aus rein sexuellen Gründen leicht verzeihen könnten. »Wenn ich das Gefühl hätte, sie wäre auch in ihn verliebt, würde ich sie zu einer Entscheidung drängen«, sagt Mario A. aus Hannover. »Wenn es nur eine einmalige Sache war und sie dann zu mir zurückkommt: Nicht toll, aber sicher kein Trennungsgrund.«

Wenn Sie sich für eine Beziehung entscheiden, haben Sie nicht unbedingt bereits die Eheringe ausgewählt. Ich will damit sagen, dass die Entscheidung, eine Beziehung eingehen zu wollen, nichts ist, was Sie oder Ihren Partner für alle Zeiten bindet. Sie werden von nun an immer wieder Werbe- und Verhandlungsphasen durchleben und sich so Stück für Stück näher kommen. Die Psychologin Judith Sills unterscheidet drei Phasen: Plateau, Verhandlung und Bindung. Danach ist das Plateau die Zeit, in der alles rosarot erscheint. Doch dann nahen die Konflikte, und es folgen zähe Auseinandersetzungen um Individualität und gemeinsames Paarverständnis. Erst wenn Sie diese überwunden haben, beginnt die eigentliche Bindungsphase.

Ob Sie also gleich sagen: »Das ist sie/er!«, oder ob Sie sich zunächst nur verständigen, dass Sie beide Potenzial in Ihrer Beziehung sehen und dass Sie abwarten möchten, wie sich das weiter entwickelt, wichtig ist, dass Sie sich beide auf die Bereitschaft einlassen und darauf festlegen, es miteinander zu versuchen. Ohne dieses Commitment kommen Sie keinen wirklichen Schritt weiter.

Break Up

Das war es: Hat nicht geklappt. Sie müssen weiterziehen. Das ist für viele der schwerste Part: akzeptieren, dass sie mit diesem Menschen keine Beziehung führen werden. Nicht heute und auch nicht morgen. Manchmal stellen Sie fest: Der Funke ist doch nicht übergesprungen, Sie sind emotional nicht genug involviert, oder vielleicht entscheiden Sie sich dafür, einen anderen Frosch zu küssen. Das bedeutet: Sie beenden Ihre bisherige Beziehung und gehen getrennte Wege.

Prinzipiell können Sie hier auf zwei unterschiedlichen Seiten stehen: Sie sind entweder derjenige, der die Trennung will – oder der, der noch Hoffnung hat. Selten trennen sich zwei Menschen am Ende der Verhandlungsphase einfach so und einvernehmlich, weil sie beide zu gleichen Teilen denken, dass sie nicht zueinander passen. Das wäre in der Regel schon vorher erfolgt. Wir können also davon ausgehen, dass bereits erste Gefühle im Spiel sind, die durch eine Entscheidung zwangsläufig verletzt werden. Womöglich empfindet einer der beiden sogar Erleichterung, wenn endlich ein Schlussstrich gezogen wird.

Die Gründe, warum ein Paar beschließt, das bestehende Verhältnis abzubrechen, sind sehr vielfältig. Die meisten jedoch, die mir genannt wurden, lassen sich in zwei Gruppen einsortieren:

Es mangelt erstens grundsätzlich an der Bereitschaft, eine Beziehung einzugehen. Hier fielen in den Interviews Sätze wie »Eigentlich will ich gar keine Beziehung«, »Habe festgestellt, dass ich meine Freiheit brauche«, »Mir wurde das alles zu eng«, »Ich erinnerte mich an meine alte Beziehung, die…« und so weiter.

Wenn Sie in der Position des Ablehnenden sind: Fragen Sie sich, ob Sie womöglich nur Angst vor einer Beziehung haben, und erinnern Sie sich an die Regel: »Benennen Sie Ihre Ängste!« Das wird Ihnen vermutlich für diese Entscheidung nichts mehr bringen – aber vielleicht für die nächste.

Sollten Sie in der undankbaren Rolle sein, sich trotz Gefühlen und Hoffnungen solche Sätze anhören zu müssen, denken Sie an die Regel: Versuchen Sie nicht, den anderen zu ändern! Es hat keinen Sinn, wenn Ihr Partner keine Bereitschaft zeigt. Und jemand, der sich selbst als nicht beziehungsfähig bezeichnet, zeigt diese Bereitschaft nicht. Vergessen Sie »Der Widerspenstigen Zähmung« und »Die Braut, die sich nicht traut«: Das wird nichts. Ziehen Sie weiter! Ich gehe sogar so weit, dass ich Ihnen nach den Erkenntnissen der Autoren Sokol und Carter empfehlen würde, sich selbst auf Beziehungsangst zu untersuchen, wenn Sie womöglich immer wieder einem solchen Partner hinterherjagen.

Der zweite Grund für eine negative Entscheidung ist dagegen recht banal, aber deshalb nicht weniger schmerzhaft: »Es passt einfach nicht.«

»Je länger wir uns trafen, umso sicherer war ich, dass sie nicht die Richtige war!«, las ich häufig als Begründung. Oder: »Nach einigen Wochen hatten wir uns nichts mehr zu erzählen.«

Heute haben Menschen zum Teil eine schwer durchschaubare Mauer aus Selbst- und Fremdtäuschung um sich geschaffen. Tatsächlich kann es sein, dass Sie erst nach der Wahlphase feststellen: Diese Person hat Seiten an sich, die ich nicht bei meinem Partner erleben möchte. Wenn ich zu Beginn des Buches geschrieben habe, Gegensätze ziehen sich an, meinte ich nicht, dass Sie es übergehen sollen, wenn jemand hinter seiner schützenden Schale eine Person versteckt hat, die Ihnen nicht liegt. Sie müssen schon das Gefühl haben, Sie könnten miteinander glücklich werden.

Wenn Sie befürchten, nicht zueinander zu passen, dann hören Sie auf dieses Gefühl. In aller Regel stimmt es. Und ziehen Sie die Konsequenzen. Seien Sie ehrlich, aber bestimmt. »Ich hasse es, wenn sie dann rumeiern«, drückte es Stella U. aus Regensburg aus, »und womöglich aus Feigheit einen Funken Hoffnung lassen, dem man dann nachhängen kann!«

Sollten Sie sich einen Korb abholen, dann denken Sie daran: Die Entscheidung hat nichts mit Ihnen zu tun. Ich weiß, das ist schwer zu verstehen, denn was wirkt auf den ersten Blick persönlicher als eine Ablehnung? Jedoch geht es hier nicht um einen Test, durch den Sie gefallen sind, weil Sie zu wenig gebüffelt haben: Sie passten nicht in das Bild, das jemand anderer für seinen Traumpartner gemalt hatte. Was haben Sie damit zu tun? Nichts. Darauf haben Sie keinerlei Einfluss.

Und wenn es um den von Stella U. beschriebenen Funken Hoffnung geht: Meist lassen sich jene Menschen eine solche Hintertür offen, die nach dem perfekten Partner suchen. Vielleicht sind Sie dem Bild ja schon recht nahe gewesen – aber eben nicht nahe genug. Das wird sich auch nicht mehr ändern, wenn die Entscheidung einmal gefallen ist. Denken Sie nicht einmal daran, sich in einer solchen Situation dem anderen zuliebe verändern zu wollen. Sie machen nur sich selbst unglücklich. Und: Sie haben es nicht nötig!

Was also tun, wenn die Entscheidung war: »Wir lassen es!«? »Ich wünsche ihm noch ein schönes Leben und ziehe weiter!«, schrieb Tina A. aus Münster. »Das war es dann, und das kann ich auch gut akzeptieren. Hoffentlich hatten wir eine nette Zeit. Aber es ist eben nicht mehr daraus geworden.«

In den »Rules« von Fein und Schneider heißt es in diesem Zusammenhang: »Der Nächste!« Ich würde diese Aufforderung uneingeschränkt empfehlen. Sie müssen jedoch nicht *sofort* wieder auf die Jagd gehen, verarbeiten Sie ruhig erst einmal das soeben Durchlebte. Aber merken Sie sich die folgende Regel, die vielleicht im Zusammenhang mit dem Thema dieses Buchs ein wenig überraschend wirkt:

Regel 18: *Sie können auch ohne Beziehung leben.*

Das ist eine Tatsache. Machen Sie sich nichts vor: Kein anderer Mensch ist für Sie so lebensnotwendig wie Sauerstoff oder Schokolade. Ein Partner wird hoffentlich Ihr Leben bereichern – aber er allein macht es nicht lebenswert. Machen Sie sich das noch einmal bewusst, bevor Sie sich zusammensetzen und die nächsten Schritte besprechen. Sie sind ein Mensch mit unzähligen Fähigkeiten und Potenzialen. Sie werden weder zugrunde gehen noch ein weniger wertvolles Mitglied der Gesellschaft sein, wenn es diesmal nicht geklappt hat. Und Sie werden nicht verkümmern ohne diesen Menschen, den Sie erst seit wenigen Monaten kennen und ohne den Sie zuvor jahrzehntelang ein ausgefülltes Leben geführt haben.

Die häufigsten Fehler in der Entscheidungsphase

– *Sofort zusammenziehen*

Sie haben sich also entschieden, einen Versuch miteinander zu wagen. Sie wollen eine Beziehung führen, Sie verstehen sich selbst als Paar und zeigen das auch nach außen. Entgegen mancher Vermutung gehört eine gemeinsame Wohnung nicht sofort dazu. Ich vermute sogar, dies wäre zu Beginn Ihrer noch jungen Partnerschaft eher hinderlich.

»Nach vier Wochen zog ich ein«, erzählte Antonia H. aus München. »Und nach vier Monaten wieder aus. Aus der Romantik wurde eine Art Vor-Ehe-Hölle: Er nervte mich bereits am Frühstückstisch mit seiner Zeitung. Alles war für ihn mit meinem Einzug bereits geklärt. Ich dachte, ich sehe uns als Ebenbild meiner Eltern nach zwanzig Jahren Ehe vor mir.« Antonias Partner sah sich wohl am Ziel seiner Wünsche und hielt es nicht mehr für nötig, sich in einem guten Licht zu zeigen.

Aber nicht nur diese Gefahr besteht, wie Thomas L. aus Bamberg schrieb: »Wir waren unzertrennlich. Da wir beide studierten, waren wir häufig tagsüber zu Hause und lernten. Manchmal fuhren wir auch gemeinsam zur Uni. Einmal verbrachten wir so vier Tage am Stück miteinander – ohne Unterbrechung. Nach zwei Monaten musste ich raus. Das brach ihr das Herz, aber so sehr ich sie mochte: Das war einfach zuviel!« Auf diese geballte Dosis Nähe war das junge Glück nicht vorbereitet gewesen. Wenn die Grundlagen gut waren, hätte die Beziehung mit etwas mehr Distanz eine reelle Chance gehabt.

Sogar nach einer positiven Entscheidung für die Beziehung sollten die Partner Regeln beachten wie »Gewähren Sie

Rückzugsmöglichkeiten« und »Haben Sie Geduld!«. Wenn Sie so verliebt sind, dass Ihnen diese Argumente nicht gut genug vorkommen, dann denken Sie doch daran, dass Sie beim schnellen Einzug in die Wohnung des Partners Ihre eigene Freiheit einschränken und Teile von sich selbst aufgeben. Sie tun das zugunsten eines Menschen, den Sie erst seit wenigen Wochen oder Monaten kennen oder schätzen gelernt haben. Bewahren Sie sich Ihre eigenen vier Wände schon aus reinem Selbstschutz. Und verteidigen Sie Ihre Wohnung umgekehrt, auch wenn die Situation noch so günstig scheint, weil gerade Ihr Untermieter ausgezogen ist oder Ihr Partner eine Eigenbedarfskündigung erhalten hat.

- *Sofort den Kontakt abbrechen und/oder weiterhin den Kontakt halten*

Sie denken, das widerspricht sich? Sie haben Recht. Aber es gibt Entscheidungen, nach denen Sie für Ihren Partner noch da sein sollten, und solche, nach denen Sie sofort einen Schlussstrich ziehen müssen. Es kommt hauptsächlich darauf an, auf welcher Seite Sie stehen.

Szenario 1: Sie hatten Schmetterlinge im Bauch, der andere nicht. Prinzipiell tut Ihnen nach diesem Korb ein wenig Abstand sicher gut. Versuchen Sie jetzt nicht gleich die »Gute-Freunde«-Lösung. Wenn Sie nicht über ein beneidenswert stabiles Selbstwertgefühl verfügen, werden Sie besser fahren, wenn Sie eine Weile nicht an Ihren Partner erinnert werden und ihn nicht treffen. Das muss gar nicht lange sein, manchmal reicht schon ein Urlaub. Aber machen Sie einen spürbaren Break: Bringen Sie ihm nicht Ihr TriBand-Telefon, weil er nach Amerika fliegen will; verabreden Sie sich nicht zum Kaffee in der Mittagspause in dem Straßencafe, in dem Sie sonst immer gemeinsam saßen, und widerstehen Sie seiner Einladung zum Joggen oder ins Kino. Sie wären kein Mensch, sondern ein Computer, wenn Sie jetzt Ihre Gefühle wie ein Software-Update einfach umstellen könnten. Wenn Ihnen jemand sagt, Ihr Verhalten sei kindisch: Hören Sie einfach nicht zu. Sie wollen ja kein Schweigegelübde ablegen, sondern nur die Ihnen zustehende Reflektions- und Regenerationsphase nutzen. Ihr Gegenüber wird das verstehen, wenn er wirklich ein guter Freund ist und ihm an einem normalen Umgang miteinander in der Zukunft gelegen ist.

Sehen Sie sich vor, wenn Sie an einen dieser Typen geraten sind, die nur dann aktiv werden, wenn sich ihr Partner zurückzieht. Die trennen sich von Ihnen zwar – möchten aber dem eigenen Ego etwas Gutes tun und das Gefühl haben, sie wären nach wie vor für Sie erreichbar. »Vorher hat er sich auf eine SMS von mir erst nach vier oder fünf Stunden gemeldet«, erzählte Fiona K. aus Stuttgart. »Nach dem Break schickte er mir plötzlich drei bis vier am Tag. Er tat alles, um in meinem Gedächtnis zu bleiben. Zunächst dachte ich, er hätte es sich anders überlegt, und war überglücklich. Aber schließlich stellte ich fest, dass er auch weiterhin nicht an einer Beziehung interessiert war. Ihm gefiel scheinbar, dass ich mich so den ganzen Tag mit ihm beschäftigen musste.« Vermutlich hat er das nicht aus böser Absicht getan – aber er hat seine Bedürfnisse ganz klar über die seiner Expartnerin gestellt. Ungesund für sie, Streicheleinheiten für seine Seele. Bestehen Sie klar auf Distanz.

Szenario 2: Die Entscheidung gegen eine Beziehung ging von Ihnen aus. Ihr Partner hat nun eine Menge Fragen. Je nachdem, wie sehr er womöglich den Grund des Scheiterns bei sich selbst sucht, benötigt er jetzt die Möglichkeit, sich mit Ihnen auseinander zu setzen. Beantworten Sie seine Fragen fair und ehrlich und helfen Sie ihm, sich darüber klar zu werden, dass Ihre Entscheidung nicht anders ausgefallen wäre, besäße er die Fähigkeit, Wasser in Wein zu verwandeln.

Das soll nicht bedeuten, dass Sie nun immer wieder die gleichen Themen durchkauen müssen oder verpflichtet sind, morgens um drei Uhr den Seelsorger zu spielen. Aber für viele Menschen ist ein plötzlicher Abbruch des Kontaktes zusätzlich zum Verlust einer Hoffnung auf eine Beziehung zu schwer zu ertragen. Sie müssen selbstverständlich nicht die Verantwortung für Ihren Partner übernehmen, aber Sie können ihm helfen, das Leben erheblich schneller wieder als schön zu empfinden. Wer so miteinander umgeht, schafft übrigens sehr häufig den Übergang vom Dating zur Freundschaft.

Fraglos gehört eine Menge Überwindung dazu, so offen mit einem Partner umzugehen. Niemand möchte einen anderen verletzen, und eine klare negative Entscheidung nicht nur zu übermitteln, sondern sogar ein Stück weit zu erklären, fällt niemandem leicht. Es liegt in der Natur des Menschen, Fragen zu stellen, um eine Entscheidung leichter verstehen zu können. Ihr Partner weiß im Moment vielleicht noch nicht, dass ihm das Verstehen gar nicht weiter hilft. Aber je länger er im Ungewissen bleibt, umso länger wird er sich mit Ihnen auseinander setzen. Kürzen Sie diese belastende Phase ab und sagen Sie, was zu Ihrer Entscheidung geführt hat.

– *Entscheidungen insgeheim nicht akzeptieren*

Dieser Fehler wird besonders häufig gemacht, und zwar von denen, die dazu neigen, mit vielen Projektionen in die Dating-

Phase einzutreten. Ich kenne das aus eigener Erfahrung. Wir hoffen eigentlich permanent, dass doch noch alles »gut« wird, dass es sich der Partner letztlich anders überlegen wird. In unserer Phantasie spinnen wir die Geschichte weiter zu einem Happy-End.

Lassen Sie das sein, wenn es Ihnen irgendwie möglich ist, oder suchen Sie Hilfe, wenn Sie das alleine nicht schaffen. Sie würden sich andernfalls unnötig quälen und sich und Ihrem Partner das Leben schwer machen. Menschen, die zu diesen Fehlern neigen, streben nach einer negativen Entscheidung häufig eine »Gute-Freunde«-Lösung an. »Wäre doch gelacht, wenn wir das nicht wie erwachsene Menschen hinbekommen würden!«, heißt es da oder: »Jetzt haben wir so viel Zeit miteinander verbracht und uns so gut verstanden: Lass uns das einfach unter anderen Vorzeichen fortsetzen.«

Dahinter verbirgt sich oft die Weigerung, das Ende der Beziehung zu akzeptieren. Unter dem Deckmantel eines »normalen« Umgangs miteinander wird der Hoffnung Nahrung gegeben, man könne die Entscheidung nachträglich beeinflussen. Sie befinden sich, wenn Sie nicht aufpassen, rasch in der oben bereits beschriebenen Drehtüre zwischen Verhandlungs- und Entscheidungsphase. Wenn Sie dann noch auf einen Partner gestoßen sind, der Ihrer Hoffnung durch Taten oder Worte bewusst oder unbewusst Futter gibt, dann bleiben Sie in diesem Karussell, bis Ihnen schwindlig wird oder Ihr Partner zu viel bekommt. Das kann unter Umständen sehr lange dauern. Und diese Zeit hätten Sie sinnvoller damit verbracht, wieder zu sich selbst und vielleicht zu einem anderen Partner zu finden. Machen Sie sich das in aller Deutlichkeit bewusst.

Die zehn Todsünden beim Dating

Es gibt einige Dinge, die Sie beim Dating niemals tun sollten. Die Teilnehmer der Fragebogenaktion berichteten mir von ihren schlimmsten Erlebnissen und häufigsten Fauxpas. Wenn Sie die folgenden zehn gravierenden Fehler vermeiden, ist vielleicht nicht garantiert, dass Sie den Partner Ihres Lebens treffen – aber Sie werden ihn sicher nicht verschrecken, sollten Sie ihn wirklich getroffen haben!

- »Ich bin so allein, hilf mir!«
  Vergessen Sie die Mitleidsnummer. Die zieht vielleicht bei Pfadfindern – aber Sie wollen ja nicht, dass man Ihnen über die Straße hilft, oder? Wir alle finden Menschen spannend, die mit sich selbst gut zurechtkommen – und Jammerlappen ganz furchtbar!

- »Aber morgen werde ich ihn/sie ansprechen…«
  Verschieben Sie Ihren Vorstoß nicht auf morgen. Wenn Sie es heute tun können, tun Sie es! Klar ist es ungefährlicher, den Sicherheitsabstand zu wahren und vom Glück nur zu träumen. Aber vor allem ist es unbefriedigend!

- »Ich überschütte dich mit Aufmerksamkeit!«
  Ihre neue Bekanntschaft will gar nicht minutiös per SMS über jeden Ihrer Schritte informiert werden. Natürlich sol-

len Sie sich Mühe geben – aber nicht zu viel. Die meisten Menschen fühlen sich durch ein Übermaß von Zuneigungsbezeugungen in die Enge getrieben.

- Der Sex war klasse – er/sie liebt mich!
  Verwechseln Sie nicht Lust mit Liebe. Wer im Schlafzimmer die Hemmungen fallen lassen kann, ist vielleicht nichts weiter als ein guter Liebhaber. Sie können nicht davon ausgehen, dass er deshalb auch ein liebender Partner sein wird.

- »Lass uns gleich alle unsere Freunde treffen!«
  Den Freundes- und Bekanntenkreis sollten Sie häppchenweise einführen. Die Reaktionen Ihres sozialen Umfeldes werden sowohl Sie als auch Ihre Bekanntschaft verunsichern, dosieren Sie diese Konfrontation also vorsichtig.

- »Ab jetzt machen wir alles gemeinsam!«
  Auch wenn Sie ein Herz und eine Seele sind: Verbringen Sie nicht jede freie Minute miteinander. Gewähren Sie sich und Ihrem Partner Rückzugsmöglichkeiten. Zu früh zu viel Nähe führt oft zu plötzlichen Panikattacken und Fluchtversuchen!

- »Seit ich dich kenne, hat mein Leben einen Sinn!«
  Ihr Leben hatte immer einen Sinn! Geben Sie niemals Ihrem Partner das Gefühl, nur durch ihn seien Sie lebensfähig. Nicht einmal in einer Beziehung sollten Sie sich in eine solche Abhängigkeit begeben – erst recht nicht, wenn Sie nur daten!

- »Bei mir wird alles anders als bei deinen vorherigen Beziehungen!«

Leider gibt es keinen Grund, warum Ihr neuer Partner Sie anders behandeln sollte als Ihre Vorgänger. Hören Sie genau zu, wenn die Ex-Akten geöffnet werden. Da steht wahrscheinlich Ihre Zukunft drin.

- »Zieh doch einfach gleich bei mir ein!«
  Zu viel Intimität gleich zu Beginn ist gar nicht gut. Lassen Sie sich Platz für Geheimnisse und gestatten Sie dem Alltag nicht, zu schnell über das junge Glück hereinzubrechen. Dann können Sie sich Ihre Marotten noch rechtzeitig selbst abgewöhnen.

- »Lass uns wenigstens gute Freunde bleiben!«
  Es hat leider nicht geklappt. Aber Ihr Partner wird es sich nicht anders überlegen. Gönnen Sie sich zunächst eine Auszeit. Überschätzen Sie nicht Ihr masochistisches Potenzial! Und denken Sie an Todsünde Nummer 1 !

Die Dating Regeln auf einen Blick

Nun noch einmal im Schnelldurchlauf:

Regel 1: Tun Sie alles, damit Sie mit sich selbst zufrieden sind und sich in Ihrer Haut wohl fühlen!

Wenn Sie mit sich zufrieden sind, strahlen Sie Zuversicht und Lebensfreude aus. Dieses Aphrodisiakum wirkt garantiert besser als alle Tinkturen aus Parfümerie, Feinkostabteilung und Sexshop.

Regel 2: Haben Sie viel Geduld. Sie wollen doch keinesfalls verzweifelt und einsam wirken.

Nur wenn Sie auf karitative Charaktere stehen, werden Sie mit einer zur Schau getragenen Angst vor dem Alleinsein erfolgreich sein. Vermeiden Sie verzweifelte Hundeblicke und tränennasse Augen: Spaß steckt an – Frust schreckt ab.

Regel 3: Halten Sie sich immer an Ihre Ankündigungen, außer Sie wollen Desinteresse signalisieren!

Verbindlichkeit ist der erste Schlüssel zum Erfolg! Schaffen Sie Vertrauen in sich und Ihr Verhalten. Diesen ersten positiven Eindruck wird Ihnen niemand mehr nehmen können. Und er legt den Grundstein für die nachfolgende Kommunikation.

Regel 4: Das erste Date findet auf neutralem Boden statt!

Vermeiden Sie Missverständnisse und lassen Sie sich selbst eine schnelle Fluchtmöglichkeit offen. Die eigene Wohnung signalisiert für ein erstes Treffen zu viel Intimität. Nutzen Sie besser das Angebot an Cafés, Bars oder Parks.

Regel 5: Seien Sie so spontan wie irgend möglich.

Spielen Sie keine Rolle, die Sie nicht ausfüllen können. Zeigen Sie Interesse und seien Sie phantasievoll. Aber geben Sie sich dabei normal und stehen Sie zu Ihrer Nervosität. Ihrem Partner geht es vermutlich genauso.

Regel 6: Kein Sex beim ersten Date – wenn Sie eine langfristige Beziehung wollen!

Die meisten Menschen interpretieren Sex beim ersten Date als Zeichen, dass Sie keine ernsthaften Interessen verfolgen, sondern nur auf Spaß aus sind. Denken Sie an diese Wirkung, wenn Sie mehr wollen!

Regel 7: Erzwingen Sie nichts!

Sehen Sie nicht nur das Ende der Dating-Phase! Genießen Sie den Weg und sprinten Sie nicht in Richtung Ziel mit aller Kraft. Lassen Sie die Dinge auf sich zukommen, und Sie werden viele ungeahnte Möglichkeiten entdecken!

Regel 8: Sie *müssen* keinen Sex beim dritten Date haben!

Fast alle kennen die Regel: »Kein Sex vor dem dritten Date!« Das bedeutet im Umkehrschluss keinesfalls, dass Sie dann Sex haben *müssen*. Zwar könnte es sein, dass Ihr Partner das erwartet, aber Sie tun nur, wonach Ihnen wirklich ist.

Regel 9: Trennen Sie Projektionen von der Realität.

Träume bringen uns voran – aber sie lenken auch von der Wahrheit ab. So mancher Traumprinz ist nur in der Phantasie entstanden. Rennen Sie nicht einer Projektion hinterher, prüfen Sie frühzeitig, wo Ihre Wünsche die Realität überragen.

Regel 10: Seien Sie vorsichtig beim Öffnen der Ex-Files.

Hören Sie genau zu, wenn es um die vorherigen Beziehungen geht: Es gibt keinen Grund, warum Ihr Date Sie anders behandeln sollte als Ihre Vorgänger. Umgekehrt sollten Sie bedenken, dass alle Ihre Ex-Akten auch gegen Sie verwendet werden können!

Regel 11: Seien Sie vorsichtig beim Umgang mit Liebestests.

Codierte Kommunikation ist zu Beginn einer Beziehung normal. Leider ermöglicht sie so großen Interpretationsraum, dass Fehldeutungen unabwendbar sind. Bedenken Sie, dass unterschiedliche Persönlichkeitstypen auch unterschiedlich reagieren.

Regel 12: Gewähren Sie Rückzugsmöglichkeiten!

Wenn es bei Ihrem Gegenüber zu einem Rückzug kommt: Gestatten Sie ihn und drängen Sie jetzt nicht. Sie können nichts als abwarten. Es geht in diesem Moment nicht um Sie. Nehmen Sie das nicht persönlich – so schwer es fällt.

Regel 13: Bemühen Sie sich um ein Gleichgewicht: Es sollte nie dauerhaft Überlegene und Unterlegene geben.

Gegensätze ziehen sich an. Wer die Stärken des anderen zu schätzen und zu nutzen weiß, gleicht damit die eigenen Schwächen aus. Wer jedoch nur Gleiches sucht, potenziert damit seine Schwächen.

Regel 14: Warten Sie mit dem ersten Beziehungsgespräch den richtigen Moment ab.

Wenn Sie übereilt mit der Frage »Wohin führt das, was wir gerade tun?« anrücken, dann schrecken Sie Ihren Partner womöglich ab. Warten Sie jedoch zu lange damit, ist der Druck möglicherweise zu groß, und die Unschuld der Dating-Phase ist vorbei.

Regel 15: Versuchen Sie erst gar nicht, Ihren Partner zu ändern.

Denken Sie nicht: »Das wird er/sie schon anders machen, wenn er/sie erst einmal mit mir zusammen ist.« Sie können einen Menschen nicht nach Ihren Wünschen formen. Ersparen Sie sich von Anfang an dieses unwürdige Pygmalion-Projekt.

Regel 16: Benennen Sie Ihre Ängste!

So sehr wir Nähe brauchen und lieben, so sehr fürchten wir sie. Das ist normal. Akzeptieren Sie diese Angst und klären Sie für sich und mit Ihrem Partner, welche Abläufe einer Beziehung Sie in Panik versetzen. So wird er lernen, Sie zu verstehen.

Regel 17: Wenn Sie über Gefühle kommunizieren wollen, tun Sie dies nicht über SMS!

Kommunikation per SMS wird leicht zum Kaffeesatz-Lesen. Die Interpretationsmöglichkeiten der Kurznachrichten mit maximal 160 Anschlägen sind zu vielfältig. Beschränken Sie sich eher auf Fakten (z. B. »Bin im Stau. Verspäte mich. Bis gleich!«).

Regel 18: Sie können auch ohne Beziehung leben.

So viele Dinge machen mit einem Partner mehr Spaß, keine Frage. Aber Sie brauchen keinen Menschen, um Ihr Leben zu bestreiten. Lösen Sie sich von dem Gedanken, Sie seien nur die Hälfte eines Ganzen. Sie sind auch allein eine tolle Person!

Schlussbemerkung

Dating Regeln bieten zahlreichen Zündstoff. Ich gebe zu: Zu Beginn meiner Recherchen hielt ich die meisten für Unsinn.

In den vielen Interviews und durch die ausgewerteten Fragebögen für dieses Buch lernte ich jedoch, dass sich tatsächlich viele Dinge in der ersten Phase des Kennenlernens bei den meisten Menschen wiederholen und sich Muster erkennen lassen: Beispielsweise die Erwartungshaltung zum dritten Date, die vielen falschen möglichen Reaktionen auf einen unerwarteten Rückzug und die zahlreichen Formen von Beziehungsangst. Es gibt auf alle diese Probleme keine Patentlösungen, und auch die Einhaltung der Regeln in diesem Buch ist nicht für jeden die Erfolgsformel mit Garantie. Allerdings spiegeln diese Ratschläge die Erfahrungen von mehreren hundert Menschen sowie einigen Psychologen und Therapeuten wieder. Manche Leserinnen oder Leser werden sagen: »Ich verlasse mich auf meine Intuition!« Das ist unbedingt empfehlenswert. Aber Sie sollten bedenken, dass nicht alle Menschen Ihrem Persönlichkeitstyp entsprechen und deshalb die Vorgänge vielleicht anders wahrnehmen und beurteilen und deshalb anders agieren als Sie selbst.

Regeln helfen, einen gleichen Stand für den gemeinsamen Umgang zu schaffen. Nicht mehr und nicht weniger. Wenn Sie dadurch die Andersartig- und Einmaligkeit Ihres Partners besser verstehen und schätzen lernen, dann haben Sie sicher den Grundstein für eine erfüllte Beziehung gelegt.

Ich wünsche Ihnen dabei viel Freude und Erfolg!

Dank

Bedanken möchte ich mich bei allen, die mich bei diesem Buch unterstützt haben, indem sie meinen scheinbar endlosen Fragebogen ausführlich und ehrlich beantwortet haben, und denen, die mir in zahllosen Interviews so viele private und persönliche Dinge anvertraut haben. Ohne ihre Hilfe wäre dieses Buch nicht möglich gewesen!

Dank auch an die beiden Therapeuten O.U. und U.S. für ihren fachlichen Beistand, sowie an die, mit denen ich alle zehn Todsünden des Datings ausprobiert habe, vor allem D.F., I.L. und S.L., und an die geduldigen Kolleginnen und Kollegen im Verlag und an meine Agentin Gudrun Rohe.

Literaturverzeichnis

Richard Bents: Der M.B.T.I. (Myers-Briggs-Typen-Indikator), Claudius 1992
Steven Carter, Julia Sokol: Lauf nicht vor der Liebe weg!, Kösel Verlag 2000
Dean C. Delis: Ich lieb' Dich nicht, wenn Du mich liebst, Econ 1991
Hermann Ehmann: Männerängste, Kreuz Verlag 1997
Ellen Fein, Sherrie Schneider: The Complete Book of Rules, Element 2000
Frederic F. Flach: Depression als Lebenschance, Rowohlt 1995
Carl Gustav Jung: Archetypen, dtv 2001
David Keirsey: Versteh mich bitte, Prometheus 1990
Martina Schimmel-Schloo, Hardy Wagner: Persönlichkeitsmodelle, Gabal 2002
Lothar Seiwert, Friedbert Gay: Das 1 x 1 der Persönlichkeit, Gabal 1996
Judith Sills: Liebe nach dem ersten Blick, Rowohlt 1991
Robert Wray: A Man's Field Guide to Dating, netImage 1999

Register

Ablehnung 51, 111 f, 155, 167
Affäre 12, 15, 43, 77, 100, 132, 136, 147, 156 f
Angst 24, 40, 49, 79, 88, 104, 111 f, 120, 122–125, 129–131, 133, 136 f, 147–149, 152, 155, 158, 163, 166, 179, 183, 185
Annäherung 116, 125
Anziehung, sexuelle 53, 58, 98, 100 f, 124
Beziehung 9 f, 12, 15, 28, 31, 36 f, 43 f, 54, 63 f, 74–78, 83 f, 89, 102, 106 f, 110–113, 115 f, 118, 123–126, 129–132, 135–137, 140–142, 144, 146–149, 156 f, 160–162, 164–166, 169, 171 f, 176, 183 f, 186
Beziehungsgespräch 43, 110, 129–134, 142, 158, 182
Break Up 44, 165–168
C.G. Jung 26, 28, 32, 73, 102, 108, 140, 142
Choleriker 26
Commitment 17, 44, 54, 76, 102, 122, 129, 164
Date Rape 92–94
Denktyp 29, 64, 142
–, extravertierter 29
–, introvertierter 29
Depressiver siehe Melancholiker
Desinteresse 18, 63, 179
Distanz 128 f, 152, 155 f, 169 f
Eifersucht 120, 126
Empfindungstyp 29, 142
–, extravertierter 30
–, introvertierter 31
Erster Eindruck 48, 56, 64, 72, 87
Ex-Files 113 f, 118, 134, 136 f, 176 f, 181

Flirt 40 f, 43, 52 f, 55, 58, 64, 72 f, 104, 131
Freundschaft 44, 100, 139 158 f, 172, 177
Fühltyp 29,142
–, extravertierter 30, 62, 64
–, introvertierter 30
Geduld 63 f, 67, 88, 112, 124, 128, 170, 179
Hysteriker siehe Sanguiniker
Initiative 59, 88, 110–112
Interesse 32, 60, 88, 180
Intuitionstyp 29
–, extravertierter 30
–, introvertierter 31 f
Kommunikation 11, 17, 19, 23 f, 26, 40 f, 65, 153–155, 180
–, codierte 19, 110 f, 119, 130, 135, 182
–, nonverbale 17, 19, 37, 86
–, verbale 86
Kommunikationsprobleme 10, 22, 115
Konfliktpotenzial 38, 140
Kontaktanzeige 73, 81
Leidenschaft 58, 99
Liebe 9, 76, 80, 110, 112 f, 133, 145
–, auf den ersten Blick 10, 57, 72, 98 f, 138
Liebestest 117–120, 131
Lover-Lösung 43 f, 156
Lustprinzip-Typ 33, 66, 74, 78 f, 84, 105, 114, 160
MBTI (Myers-Briggs-Typen-indikator) 25 f, 32
Melancholiker 26
Monogamie 147 f, 163
Myers-Briggs 73, 77
Nähe 42 f, 107, 109, 118, 120, 125, 127, 129, 156, 169, 176
One-Night-Stand 10, 41, 54 f, 83
Online-Dating 50, 108
Persönlichkeitsmodelle 11, 18 f, 25 f, 40, 62, 79, 86, 94, 99, 101, 114, 120, 130, 144 f
Persönlichkeitsstruktur 24, 26
Persönlichkeitstyp 33, 145, 182, 185
Pflichtbewusster Mensch 34, 75, 78 f, 86, 114
Phlegmatiker 26
Projektionen 53, 78, 80, 99, 108 f, 138, 146, 172, 181
Real Date 42, 84, 91–95, 97, 104

Riemannsches Kreuz 26
Rückzug 23, 43, 120–129, 134, 143, 182
Rückzugsmöglichkeit 163, 170, 176, 182
Rückzugversuch 110, 113, 133
Sanguiniker 26
Schizoider siehe Choleriker
Schöngeist 36, 77 f, 114
Seitensprung 164
Selbstbewusstsein 50, 56
Sender-Empfänger-Modell 21, 117
Sex 11, 15 f, 18, 42 f, 54, 74, 76 f, 82–84, 87, 90–97, 104–106, 107, 131, 138, 147, 156, 158, 176, 180 f
Singlebörse 50
Spontaneität 53, 80, 82
Stillstand 122, 124
Sympathie 42, 80, 98 f
Trennung 165
Verliebtheit 57, 106–108, 131 f, 139, 146 f, 170
Verlobung 16
Vertrautheit 24
Werben 9, 23, 41, 99
Wissenschaftler 35, 76, 78, 105, 114
Zwanghafter siehe Phlegmatiker